文
景

———————

Horizon

[美] 杰夫·马德里克 著 汪洋 周长天 译

# INVISIBLE AMERICANS

## THE TRAGIC COST OF CHILD POVERTY

# 看不见的孩子

# JEFF MADRICK

## 美国儿童贫困的代价

上海人民出版社

1962 年，迈克尔·哈灵顿（Michael Harrington）发表著作《另一个美国》（*The Other America*），[1] 书中所描述的贫困是如此极端以至于震撼了整个国家——当时的美国人本以为战后的繁荣早已解决了这些问题。哈灵顿在书中提出了有力的证据，证明至少仍有四分之一的美国人处于贫困当中，这对于一个自诩已经踏入丰裕的国度自是当头棒喝。20 世纪 60 年代，美国的中产阶级正在快速崛起。哈灵顿的书辅以经济的繁荣，唤醒了美国人的责任感和公德心。当时的总统林登·约翰逊一声令下，美国开始施行一系列慷慨的福利项目，[2] 对象是贫困人群，其中包括儿童，也包括有色人群。虽然这次"向贫困宣战"确实存在很多不足，但仍要比后世那些嘲讽者们所号称的要成功得多。

时至今日，美国的儿童贫困率依照我的计算仍旧高达 20% 到 25%，甚至有可能更高一些，可我们并没有采取任何应对，我们所做的甚至比不上 50 年前的约翰逊时代。我写这本书就是为了记录儿童贫困之祸，描述贫困如何在很多方面损害了儿童的利益、限制了他们的成长，说明美国这个全球最富有的国度却有着所有发达国家中最高的儿童贫困率是一件多么不负责任的事，并提出究竟该采取哪些措施的建议。

按官方统计，美国有将近 1 300 万贫困儿童，[3] 从比例上说差不多是五分之一。如果好好地统计，那么这个数字应该接近四分之一，如果能更加坦诚地推测一下，那么实际上贫困儿童的比例应该超过三分之一。在法国和德国，尽管他们对于贫困的定义更为严苛，仍只有大约十分之一的儿童生活在贫困中；[4] 在北欧国家，贫困儿童的比例是三十分之一。这些国家的儿童贫困率都低于美国，其原因并非繁荣的经济使得穷人整体减少了，而是因为与美国相比，这些国家的社会福利政策更加慷慨与有效地直接援助到了贫困人群。

美国的贫困儿童却仍旧在物质缺乏和服务缺失的生活中挣扎，有些甚至连最基本的住房和医疗保险也没有。他们所遭受的物质匮乏的程度，或者数据分析专家口中的**苦难**，远比政府报告中的贫困率要高。有些数据分析专家认为儿童贫困率的降低是因为他们的父母在政府进行统计时会忘记或者不实打实地报告自己通过福利项目获得的收入。也有人提到，很多人会少报自己实际挣得的收入。尽管有这些漏报、少报的现象，美国的贫困率仍旧差不多要高过所有其他富裕国家。不仅如此，根据最新的研究结果，[5] 远超过三分之一的美国儿童生活在物质水平严重匮乏的家庭之中：要么是缺乏足够的食物，要么是负担不起对他们而言太过昂贵的医疗保险，要么是住房非常拥挤，各种问题不一而足。

这些孩子完全了解自己家生计之窘迫，他们不仅挣扎于贫乏之中，更生活在羞耻之中，认为自己无论怎样都不会被社会所接受。他们也看电视，从中窥探别人如何生活；尽管去不起电影院，他们也能看到电影的广告；虽然买不起，他们也会看情节复杂的漫画书。在很小的年纪，他们就被迫以悲观的态度看待人生，而悲观主义会让人从精神上变得软弱。穷人家也会给孩子买昂贵的最新款运动鞋、苹果手机，中产阶级美国人对此嗤之以鼻。他们不知道的是，穷孩子们要求父母给他们置办这些"奢侈品"并不是为了显摆，更多的是为了能够在群体中有归属感，而穷孩子们这种深层次的需求往往被剥夺。

我认为贫困儿童的需求还有很多，其中最为急迫的就是现金。

儿童贫困的艰辛与危害往往不被重视。鉴于造成的影响更为长期，相比其他人群，降低儿童群体的贫困率更为重要。有确凿的证据明确告诉我们，[6]相比中等收入家庭的儿童，贫困对穷孩子们造成的伤害更为持久。他们的认知能力严重降低，情绪更不稳定，健康状况也因为各种不良影响受到损害。贫困儿童往往遭受身体和精神两方面的痛苦。[7]相比其他富裕国家，美国的婴儿死亡率是较高的。[8]经过对于种族和父母受教育水平的校正，这些研究已经单列出了低收入造成的影响。

在2016年总统大选中，无论民主党还是共和党几乎都没有在初选或者拉票活动中提及过儿童贫困问题。一些民主党总统候选人这时才刚刚开始制定面向收入低于中位数（即低于所有就职人员平均工资中位数）人群的福利政策。但考虑到一代人的工资薪金几乎一直在原地踏步，这些福利政策显然是远远不够的。

贫困会对儿童造成持续性的伤害，长期影响包括这些儿童长大成人之后的生产力、医疗费用和犯罪成本。一项最近的数据分析结果使人震惊：美国的国内生产总值（GDP）由于受到儿童贫困的影响而比原本能够达到的水平低了整整一万亿美元，[9]相当于降低了超过五个百分点。尽管让我觉得骇人听闻，很多数据分析专家认为得出这样的结论是合理的。造成这种结果的主要原因在于劳动生产率的降低、更高的医疗费用以及包括监禁成本在内的打击犯罪的开销。儿童贫困其实影响到了我们所有人。

过去40年间，美国的社会福利政策都强调父母必须工作、必须缴纳个人所得税，这些并非减少贫困的最佳方式。相反，我会支持越来越多的学者站在不同的立场看待此问题：美国应该向所有有孩子的家庭无条件地分发充裕的现金补助。反正对于原本经济条件较好的家庭而言，这笔收入的大部分都会再次因为缴纳个人所得税而被征收掉。

为什么不仅仅给贫困家庭提供补助呢？美国最为成功的社会福利项目，包括社会保障、医疗保险、失业保险等，都是针对全部民众的。住房抵押贷款的利息可以抵税，这也是所有房

贫困发生的密集度更高了。政策学者保罗·亚尔戈斯基（Paul Jargowsky）记录道："现今在普查时发现贫困情况严重的地区数量更多了，已经超过以往任何时候的记录。"[21]

相比成人，更高比例的儿童陷于贫困。根据目前官方的统计数据，儿童贫困率是 17.5%，而成人的贫困率是 12.3%。[22] 联邦政府后来又创制了另一种更新的数据统计方式，[23] 叫作"补充性贫困测度"（Supplemental Poverty Measure，简称 SPM），但这种方法也有缺陷，而且我认为这种测度方式仍旧低估了美国的儿童贫困率。通过 SPM 统计得出的儿童贫困率是 15.6%，成人的贫困率比原先方式统计得出的要低超过两个百分点。

让我们换种说法。美国全部人口的大约四分之一是儿童，但政府统计的贫困人群中有三分之一是儿童。[24] 超过三分之一的美国儿童至少有一年时间在官方贫困线以下挣扎。若是按欧洲的贫困测度方式统计，这一比例将接近二分之一。相比白人成人，更多的白人儿童是贫困的；相比黑人成人，更多的黑人儿童是贫困的；相比西裔成人，更多的西裔儿童是贫困的。贫困儿童比贫困成人更多的原因之一就是美国的单亲家庭数量高企不下，经常是一个妈妈带着孩子生活，而单亲妈妈贫困率尤其高，部分原因就是这样的家庭只有一份收入。在欧洲，单亲妈妈和孩子组成的家庭比例与美国差不多高，[25] 但通过社会福利项目足够的补助，欧洲单亲家庭儿童的贫困率远低于美国。

税收抵免制度确实有一定帮助，让更多儿童能够获得健康

11

保险也有益处，但相比儿童，美国政府更多地将关注投向老人。面向老年群体，包括拨发现金的社会保险、医疗援助在内的帮助都是值得嘉许、非常必要的。但美国通过林林总总的社会福利项目已经将数量两倍于儿童的老人拉到了官方贫困线以上。根据美国农业部的统计，[27]食物不足的儿童人数比同样境遇的老人数量多了两倍不止，这强有力地说明了美国的儿童贫困率是被低估的。简单来讲，就是有的孩子连足够的食物都得不到。

在这个时代，富裕家庭为了丰富孩子的生活而花的钱远胜以往——有估算说如今的家长为了孩子的发展每年要额外增加一万美元的开支，[28]而贫穷家庭对孩子的支出则被远远地甩在了后面。处于贫困之中的孩子们无法发展或者无法全力开发自己的潜能，为此而受到重大损害的是经济。当穷人家的孩子无法获得足够的资助时，他们的母亲也会受到连累——她们往往求职无门，因为种族或者性别歧视而不得不忍受收入差异，而且也得不到社会足够的帮助。这样的社会正在做的是将贫穷的男人们，尤其是有色人种的男人们都关进牢里，然后要求女人们出去工作。

12

## 测度贫困

美国政府在统计贫困人群数量时所抱有的不负责任和漫不

看不见的孩子

经心，反映了这个国家长久以来对于谁才真正算得上穷人这个问题的怀疑以及历来对贫穷这件事的迟钝。即便是心存善意的分析人士也将儿童贫困这个问题过度简单化了，因为他们满足于采信官方统计，将之视为对实际贫困群体的正确估算。但这些测度结果非但不准确，而且可说充满偏见。

在 1969 年以前，美国没有官方的贫困线，[29] 但从 19 世纪开始就有很多关于贫困人群数量的估算。[30] 最终，通过美国政府采纳的"官方贫困测度"（Official Poverty Measure，简称 OPM）得出的是我们这个国家最不明智、最具有欺骗性的统计数据。OPM 的统计依据已经超过 50 年没有更新过了。而且因为没有随着生活水平的变动与时俱进，OPM 统计得出的数字都很低，美国之外，已经没有几个国家在使用这种测度方法了。起初采纳这种测度方式时，美国的贫困线大约相当于普通家庭收入的50%（即中位线）。但如今根据通货膨胀调整过的数字却仅相当于普通家庭收入的 30%。如此偏差背后其实并没有科学或者合理的依据。

美国政府也有考虑其他的贫困测度方式，其中的 SPM 获得了美国人口调查局（Census Bureau）——也就是之前选择了OPM 的机构——的青睐。SPM 的统计方式更复杂、更新，测度范围也更为全面，甚至包括了政府的福利项目，而 OPM 只统计现金收入。不过 SPM 也并不足以应对贫困问题。2019 年年初，通过 SPM 统计方式得出的贫困线不过比 OPM 略高一点点[31]：

假设有一个家庭由两个成人、两个儿童组成，这个家庭的贫困线仅仅被从 24 800 美元提高到了 27 000 美元。

让四个人按 SPM 给出的 27 000 美元的预算来生活是非常紧张的。在很多地方，哪怕最简陋的双卧室公寓每个月的租金也要大约 800 美元。也就是说，算上政府的福利补助，这个四口之家每周只剩下大约 350 美元可供支配，而需要花钱的地方包括食物、幼托（这块开销可能非常巨大）、穿衣、娱乐、学校的课本、税金以及其他。若这个家庭有一部车，那么每个月的开支再增加 1 000 美元也是合情合理的，即便稍微节约一些也不大可能低于 500 美元。这么一来，用于支付必要开支的钱每周连几百美元也不到了。然而在美国的绝大多数地方，没有车会造成很多不便。若是两个人需要搭乘公共交通上下班，每个月的交通费随随便便就会超过 300 美元。"资产有限、收入较低已就业人口联合项目"（United Way Alice Project）[32] 发现美国有 43% 的家庭，即差不多 5 100 万人，负担不起以上罗列的开支再加上一台手机的通信费。盖洛普咨询公司（Gallup）每隔几年就进行的一项全国性调查则显示，[33] 人们认为一个四口之家每年至少应该有 50 000 美元的收入，生活才能"堪堪过得去"。如果贫困线能设定得再现实一些，那么美国的官方贫困率将大幅上升，或许这样一来，整个国家，包括那些立法的官员都会更明确地意识到、更灵活地去应对现下正在发生的悲剧吧。很多人都认为在美国，所谓的低收入应该差不多两倍于官方公布的贫困线，即对于一个四口之家而言差不多是 50 000 美元。若真将贫困线设定在目前的两倍，那么全美将有超过 40% 的儿童，即超过 3 000 万的孩子们，生活在低收入家庭之中。

保守估计，OPM 给四口之家定义的贫困线应该在年收入 37 000 美元，比目前的数据高大约 50%。这将使得贫困线接近目前普通家庭收入的中位数，也就是 1969 年时的情况。这样一来，美国的贫困儿童数量又要增加大约 800 万。

我个人认为，比较理想且有用的贫困测度应该是这样的：低于某一标准时会对儿童造成短期或长期的伤害。在第二次世界大战之前，甚至早在 19 世纪就已经有了这样定义贫困线的方式。这种想法如今已经不在学术界的考虑范围之中，部分原因在于考虑到研究情况，要找到这样一个标准将会相当困难。今后对已经造成的伤害进行研究可能会容易一些。这样的测度方式将会促使我们的政府设定一个更为合理的贫困线，至少 1.5 倍于目前 OPM 的定义，或者更高。

之前我提到的家庭都是生活在贫困线附近的。但还有差不多 600 万儿童所在的家庭收入只有官方贫困线的一半甚至更低，[34] 政策专家们将这样的家庭状态称为深度贫困。2017 年，全美还有将近 2 000 万人生活在深度贫困之中。[35] 对一个四口之家而言，深度贫困意味着每年的收入只有大约 12 500 美元，也就是每月略超过 1 000 美元，负担不起最基本的营养和住房。这才是真的贫穷。这些极低收入家庭的孩子们所遭受的伤害也更为严重。

若是不算食品券，有 300 万儿童生活在世界银行定为贫穷以及发展中国家定义的贫困线下，[36] 即每天仅靠 2 美元现金维持生活。在非正式场合，人们将这种情况叫作极端贫困。不过有时候，**深度**或者**极端**，这两个术语是通用的。食品券确实减少了极端贫困或者深度贫困人群，不过食品券毕竟并不如现金一般有用。

对于那些挣扎在最底层的贫困人群而言，现有的福利待遇是远远不够的，主要原因就是 20 世纪 90 年代在比尔·克林顿总统授意下进行的福利体制改革。假如一个家庭没有收入或者收入很少——考虑到最近 30 年来薪酬越来越低、好工作越来越少，发生这种情况的可能性其实大大增加了——美国正在严厉地对这样的家庭施以惩罚。对他们而言，最为重要的现金福利项目，或者能够得到类似现金的消费券的福利项目，唯有如今叫作"补充营养援助计划"（Supplemental Nutrition Assistance Program，简称 SNAP）的食品券，以及"贫困家庭临时援助计划"（Temporary Assistance to Needy Families，简称 TANF），在克林顿福利体制改革后，这些项目远没有那些被它们替代的旧项目慷慨。假如一个有孩子的家庭非常幸运地能够同时获得这两个项目的补助（很多州都抵制让更多家庭参与 TANF），那么他们能够到手的补助金的平均数不过是官方贫困测量数据的 55% 左右。[37] 在全美的 17 个州，能够获得的补助金不到 OPM 数据的 50%，[38] 有一个州，即密西西比州，那里的家庭能够获得的补助金甚至不及官方贫困线的 40%。

## 应得与否

美国政府一直拒绝制定足够的扶贫政策，原因在于美国人根深蒂固地认为，无论有多么凄惨，穷人都应该自己为自己的境遇负责。总的来说，经济学家们也没有帮上什么忙，不少经济学家甚至使情况更为糟糕了。即便是他们中最为优秀的学者也承袭了同样的偏见，认为经济发展将能"治愈"贫穷，但这是不可能的。经济发展确实能降低绝对贫穷人群的数量，当一些发展中国家践行了更为进步的社会福利政策之后，这种情况尤其明显，但离彻底消灭贫穷却还差得远。在美国，仍旧有极大量的穷人挣扎在贫困潦倒之中，原因是多方面的：缺乏足够的工作机会，人们普遍抱有"小政府"的理念，银行和房地产开发商们的制度偏见，在教育和劳动力市场都存在的种族歧视，学校缺乏资金扶助，还有很多大企业一心只想雇佣不求涨工资的低端劳动力等，以上种种共同造成了如今的窘境。历史已经清楚地告诉我们，为了减少穷人所受的苦楚，政府援助很有必要。

贫穷造成的破坏可能会出于各方面的原因而更加严重，包括缺乏可负担得起的住房、犯罪率居高不下的街区、糟糕的学校以及儿童服务的不足，等等。很多专家都强调我们应该修正其中绝大部分的不足。比如在 2019 年发表的一项受美国国家科学院资助发表的研究就提出了降低儿童贫困率的四种不同计划，[39]虽然也有包括现金补助在内的其他提案，这些计划中的每一种都仍旧涵盖了税收抵免并对受益人提出了工作要求。政府赋予这些人制定能够降低儿童贫困率政策的权利。然而这些大刀阔斧降低儿童贫困率的拥护者们却可能在执行的过程中失去重心。

　　政策制定者们其实能够得到一个更为乐观也更加直接的答案——只要有现金补助就能改变很多事并从而取得突破。历史学家迈克尔·卡茨（Michael Katz）写道："记录贫穷的历史在某个方面有些古怪，人们总是回避一个简单的观点：穷人之所以穷的原因就是他们缺钱。同样的，一个愤世嫉俗的历史学家也会认为不少有关贫穷的记录都是刻意地对问题的要害避而不谈。"[40]


# 改　革


　　在欧洲，贫穷是一种与社会其他人群"相对"的状态，贫困线的定义一般是中等收入家庭的 50% 到 60%。随着整个社会变得更加富裕，贫困线也会相应提升。这种测度方式虽不完美，但美国若能采纳，那么就能形成一个社会包容的公制——让贫困人群的日常生活和经济状况也能有机会随着经济的发展和物质需求的改变而与时俱进。

　　在制定扶贫项目时，我们应该遵循两个原则：一个是面向全民，向所有儿童而不仅仅是贫穷儿童提供拨发现金的福利项目；另一个是抵制家长主义，即应该让受益人自己决定如何支配拨发给他们的现金资助。我个人的提议是建立起一个无条件向全美所有儿童按月拨发现金的制度，每年给每个孩子提供 4 000—5 000 美元补助。正如我之前提到过的，这些现金收入也是入税收入，因而对经济状况较好的家庭而言，这些钱中的绝大部分都将作为税金由政府回收。

## 新自由主义转向

美国向着新自由主义的转变起始于 20 世纪 70 年代，在 80 年代逐渐变得坚定，在唐纳德·特朗普就任总统之后走向了极端。在一届不断减税而且承诺大幅削减社会福利开支的政府统治下，一个已经有好几十年的时间处在政策制度无法满足实际需求状况下的国家是很难撑下去的。儿童贫困率毋庸置疑会上升。在玛格丽特·撒切尔夫人任首相的年代，英国也曾采取过类似的政策，[41] 结果就是贫困儿童数量剧增。在工党政府进行改革之后，贫困率降低了。不过近年来随着保守党不断削减扶贫开支，英国的贫困率又有了抬头的趋势。凭借毫无根据的数据，特朗普政府丢人现眼地宣称美国的贫困率不过 3% 而已，[42] 并没有达到官方估算的 12% 到 13%（其实现实数据应该远高于此）。

在他们的统计中，儿童贫困率已经降到了历史最低，因为这群人厚颜无耻地篡改了数据。保守派的经济学家在对这些数字进行研究时也不得不承认他们无法确认这里的贫困率究竟是以怎样的标准进行计算的。这个3%的数字太过武断。只要稍稍调整统计的条件，得出的贫困率也可能就到12.7%那么高了。

在这样一个时代，当我们热衷于讨论美国未来的生产力以及发展前景并为此担忧的时候，很难想象我们竟然心安理得地将整个国家20%到25%甚至更多的人口置之不理，在人生最初的阶段不给予足够的帮助让他们能过上正常的生活，就是剥夺了这个群体为了成长为可用之才而必须打下的基础。之前已经提到过，这样做的代价落在了我们每一个人头上：我们整个国家应得的收入减少了整整一万亿美元，美国的GDP因而降低。

贫困是美国人在意识形态方面战况最为激烈的辩题之一。互不认同的阵营已经就这个话题辩论了好几个世纪之久。站在一个极端的是个人主义者们，他们认为贫穷就是个人自甘堕落的结果。站在另一个极端的人则认同包括偏见、缺乏工作机会、薪酬低等社会以及经济制度方面的因素都可能造成贫穷。

在美国，胜出的往往是个人主义者们，在20世纪八九十年代尤其如此。迈克尔·卡茨曾写道，这二三十年来，贫穷对包括民主党在内的政策制定者而言就是一根触不得的高压线。这种错误的做法应该得到纠正。

# CHAPTER

# 2

—

**第二章**

# 贫困儿童的生活

了解贫困儿童的生活状况非常重要，而贫困儿童遭遇的第 20
一个问题就是饥饿。


## 发生在现代的粮食匮乏


就在不久前，一群对贫困抱怀疑态度的人认为在今天还有
美国人吃不饱饭纯属夸张。法学家、里根总统的顾问埃德温·米
斯三世（Edwin Meese Ⅲ）在 1983 年曾宣称他从未见过"任何
权威数据显示有饥饿的儿童"生活在美国。[1] 按米斯的说法，有
些人确实会去食物赈济处，"因为那里的食物是免费的，而且不
用付钱多方便呀"。即便在今天，仍有人发表类似的论断。但没
有人会质疑的是，缺乏足够的、有营养的食物会对健康造成严
重的损害。

美国农业部和人口调查局联合对家庭进行年度调研，了解
是否所有人都能获得足够的食物。联邦政府为决定合适的财政

预算，已设定了两个不同的粮食安全类别。其中，"低食物安全"指仅有有限预算用于购买便宜的食物，这样的食物往往不够有营养，仅能带来饱腹感而已。而"极低食物安全"指经常出现吃了上顿没下顿的情况，这也被视为一个处于持续性饥饿状态的指征。

生活在低食物安全家庭的孩子更有可能既肥胖又患有糖尿病。[2]统计数字表明，体重偏低和儿童发育不良都与产前营养不良相关。[3]低食物安全还可能造成一系列不良后果，包括认知发展缓慢、生病看医生的可能性更大，以及学习表现较差等。[4]

官方统计中的贫困儿童大约有44%就生活在低食物安全的阴影之下。[5]这个数字在经济衰退、贫困率上升时会大幅增加。比如在经济危机较为严重的2008年到2009年，缺少食物的人变多了，但其数量随着经济"复苏"而下降了。[6]

事实上，政府调查已经发现，即便是收入达到官方贫困线200%的家庭，极低食物安全的发生率也要高于平均值。[7]所以，饥饿在今日的美国并不少见。

美国孩子对于贫穷的第一印象以及最持久的体验就是饥饿。在美国，尤其在深南地区，一直到20世纪60年代还存在有人长时间吃不饱甚至饿死的情况发生。[8]之后的"向贫困宣战"和"伟大社会"计划至少在70年代中降低了这些极端状况的可能。但时至今日，是否有东西吃仍旧是穷孩子们每一天都绕不开的问题——这也是最初让他们发现自己与别人不一样并由此产生自卑感的原因。食物的不足是最初的信号，使他们认识了捉襟见肘的生活，意识到了贫穷的存在，并因为自己的贫穷而感到羞耻。

1985 年左右，赫苏斯·德·洛斯·桑托斯（Jesús de los Santos）出生在得克萨斯州爱丁堡市一个贫穷的家庭，这个地方位于美墨边境的伊达尔戈县。[9] 如今的赫苏斯已经从密歇根大学毕业，拥有社会学的硕士学位，但他走到今天的道路漫长、曲折，充满了不确定。

赫苏斯的母亲南希·洛佩斯（Nancy Lopez）是出生在美国的墨西哥移民后代，一辈子都在农场劳作。赫苏斯有两个兄弟和一个姐妹；他的父亲是个卡车司机，后来进了监狱（赫苏斯模模糊糊地记得父亲大概因为想要挣更多钱而参与贩毒了），最终离开了他们。通过林登·约翰逊总统授意拓宽覆盖面的"抚养未成年儿童家庭援助"（Aid to Families with Dependent Children，简称 AFDC），赫苏斯一家人能获得现金补助，他们还能得到食品券，但仅靠这些还远不能将这个家庭的收入拉到贫困线以上。

赫苏斯一家住在一部拖车里，所有人在一个房间里睡觉，用电全靠从输电线上多拉出一根支线。经常有小偷打破拖车的窗户偷取他们的食物和任何稍微值点钱的东西。最终他们决定再也不锁门了。

当他们每个月的月初收到食品券后，赫苏斯的母亲会囤积很多大米、豆子之类的主食。之后他们就得开始另一轮斗争——与老鼠、蟑螂和蚂蚁的斗争。他的母亲几乎每天都做煎饼想让孩子们填饱肚子，但赫苏斯清楚地记得自己一直很饿，他和他的兄弟姐妹们每天都会抱怨吃不饱，而且食品券买回来的食物总是不到月底就吃完了。

作为一个孩子，赫苏斯会因为自己家需要靠食品券以及附近的免费食物银行过活而感到羞耻，但赫苏斯回忆说，当能从食物银行拿到新鲜鸡肉、牛肉、蔬菜和水果时，他和家人是多么的期待和兴奋。当赫苏斯到了能上学的年龄之后，他开始期待甚至依赖每天在学校吃到的免费午餐，这是一个政府资助的福利项目。他的母亲在价格最低廉的折扣店给全家买衣服。而且，虽然孩提时的赫苏斯抱怨自己肚子痛、牙齿痛，但他的母亲并没有带他去看医生或者牙医，或许是因为负担不起。现在的赫苏斯牙齿仍不太好。后来他与很多家境更好、穿得也更好的孩子一起上了小学。

幸运的是，赫苏斯在学习上颇有天赋，小学校长几乎马上就把他安排在了一个尖子班里。据他自己说，他在学校成绩好有部分是因为他的母亲热爱阅读言情小说，而对阅读的喜爱会传给周围的人。赫苏斯说："打开一本书你就能让自己开心起来。我读所有能从图书馆里找到的书。我们的录像机和电视机总是不断地被偷走，后来我们索性就不再买了。"

可惜赫苏斯读过的书并没能保护他免于所住街区的不良影

响。从小学起，他就和"坏"孩子们混在一起。到了初中的时候，赫苏斯已经开始吸毒，还成了帮派的小喽啰。

据赫苏斯说，他所有的兄弟姐妹都有情感障碍，他本人也不能幸免，有时抑郁，有时又控制不住地狂躁。他的狐朋狗友中有些早早地进了局子，而他没成为少年犯，可算是幸运的。尽管赫苏斯头脑好用，却并没有将心思花在学习上，他的成绩很糟糕。到了高中的时候，他的母亲将他寄养到住在俄亥俄州中产阶级社区的叔叔家里。他仍旧不怎么认真读书，不过好歹是毕业了。

之后，赫苏斯当了几年厨师，过了一阵无家可归的日子，终于通过申请被得克萨斯州社区学院录取。这时候的他虚长了几岁，有了更多的社会经验，因而读书更有动力，学习也更刻苦了。他有很多科目都得到了 A 等，最终被密歇根大学的研究生院录取，而且获得了奖学金。赫苏斯的导师称他是一个非常好的学生。如今的赫苏斯在得州奥斯汀有了一份学习和发展引导师的工作，但或许是因为针对西裔的歧视，赫苏斯也是花费不少工夫才得到了这个职位。

这并不是一个有关美国梦最终成真的故事。赫苏斯并不觉得自己已经成了一个中产阶级美国人。尽管他有着不错的天赋，也踏实努力，但这些并不确保他能过上中产阶级的生活。从他身上能感受到一种根深蒂固的惶恐和不安——或许他所恐惧的是自己某一天又会变得一贫如洗。

随着联邦政府更多福利项目的横空出世、一些原有项目的受益范围不断扩大以及各州均有一些补充性的福利项目，贫困造成的艰辛状况确实有所好转。从 20 世纪 80 年代起，医疗补助计划（Medicaid，俗称"穷人医疗保险"）就不局限于接受福利补助的家庭，而是允许所有低收入家庭儿童申请。如果一个人有工作且挣得的工资够标准，那么就能受益于如今覆盖面极广而且从 90 年代开始就更为慷慨的"劳动所得税扣抵制"（EITC）。"儿童抵税金"（Child Tax Credit，简称 CTC）是 1997 年开始实行的。还有由参议员泰德·肯尼迪（Ted Kennedy）以及奥林·哈奇（Orrin Hatch）共同资助的"儿童健康保险项目"（Child Health Insurance Program，简称 CHIP），这一项目为那些家庭收入略高于医疗补助计划标准的儿童提供医疗保险，自 1997 年实施以来也为很多人提供了更好的医疗照顾。

尽管有很多人得到了帮助，儿童贫困率也的确有所下降，但现有的数据仍旧很高，而且官方的统计数据低于实际。根据这些数据制定的政策无法顾及所有贫困的美国人。大部分的政府福利，尤其是像 EITC 这样与就业挂钩的福利项目，实际帮助到的是收入接近或者略高于贫困线的人群，但无法有效地援助那些收入远低于贫困线或处于深度贫困状态（即收入低于贫困标准 50%）的人群。[10] 在 1996 年到 1997 年之间，原本拨付现金补贴的"抚养未成年儿童家庭援助"（AFDC）被"贫困家庭临时援助计划"（TANF）所替代。美国贫困儿童的健康状况相

看不见的孩子

较非贫困家庭儿童要差得多，而且在全世界所有富裕国家中排名几乎垫底。好消息是，在过去的 20 年里，婴幼儿死亡率下降了，不过所有富裕国家的婴幼儿死亡率都有下降。[11]

"补充营养援助计划"（SNAP）原本也叫作食品券，是为了补贴贫困人群的需求而始于 20 世纪 30 年代晚期的项目。近年来，这项福利每年耗资 780 亿美元。[12] 自 1996 年进行了颇受争议的福利制度改革之后，SNAP 对很多美国人而言成了最为主要的扶贫项目，尤其是赤贫人群。尽管如今也附加了工作资历要求，这一福利项目仍是一直以来较为成功的。可获得的补助有所增加，而且超过九成的受益人都是挣扎在贫困线下的人群。[13] 作为所有福利项目中的唯一例外，唯有 SNAP 做到了 57% 的受益人收入不足贫困线的一半。研究显示，生活在能够获得 SNAP 补助家庭的儿童在认知、受教育和健康方面都有所受益。[14]

SNAP 项目的目标是弥补家庭可支配开销与实际需求之间的差距，而拨发的数额则根据美国农业部的"最低食品预算"决定。2015 年 SPM 的一项调查显示，SNAP 计划已经将 840 万人拉出贫困的泥沼，其中有 380 万是儿童。[15] 此外，还有大约 200 万儿童因为食品券的补助而得以生活在官方收入贫困线的一半以上（OPM 算法）。

尽管如此，很少有数据分析专家认为 SNAP 已经做得足够多了。2019 年，向一个四口之家拨发的食品券平均每月折合465 美元，以电子消费卡的形式分发。平均到个人，每月获得的

26

福利补助是大约 125 美元，也就是差不多每餐 1.5 美元。[16]

SNAP 项目一直是保守党用以进行政治批评的靶子——他们一直宣称滥用福利的状况相当猖獗，但几乎拿不出什么像样的证据，联合国此前对美国的贫困人群进行过调查，[17] 也没有发现过什么欺诈之类的状况。罗纳德·里根总统曾一度降低食品券的拨发数额，但这项福利的力度在 1990 年代得到提升，奥巴马（Obama）总统执政期间还再次调高了食品券的数额。

面对食物短缺，穷人的应对方法和获得食物的策略都深深地受到一些新福利项目的影响。一般来说，家庭在每月的第三个星期结束时就已经花完了微薄的食品券，[18] 然后就进入了一个"凑合着吃"的阶段——有调研显示，穷人们在每月的最后一周往往只能吃低营养、高碳水的食物，[19] 比如之前提到过的，赫苏斯家的煎饼，或是薯片和含糖的早餐谷物。一位紧急食物供应处的员工记录道："他们买得起的食物卡路里很高，但营养成分很低，能填饱肚子，却会导致他们境遇不断地恶性循环，被慢性病拖累。身体状况越来越糟，因而他们去看医生，医生开出药物对抗慢性疾病，但买药是要花钱的，这就意味着整个家庭能够花在食物上的钱愈发地少了，这就迫使这些家庭走向同一个方向：被逼着决定还有哪些必需品是他们能够俭省或直接放弃的。这是一个疯狂的恶性循环。"[20] 经常有一家人干脆就饿肚子不吃饭的情况。几乎每个月，甚至不到一个月，就得要过一段与饥饿角力的日子。

看不见的孩子

对那些生活在收入低于贫困线的185%家庭的孩子们而言，免费或廉价的午餐项目是联邦政府能够给予他们的另一项宝贵福利。政府还推行了一项类似的早餐项目。午餐项目起源于19世纪末、20世纪初，[21] 当时有激进派的改革者借鉴巴黎、瑞士、荷兰、挪威和英格兰的做法，通过地方性政策为在校学生提供餐食。在此后的岁月中，这些地方性的午餐项目逐渐扩大覆盖面，并最终成为一项全美统一的福利项目。此前，贫困家庭还会由于暑假期间没有免费的午餐或早餐而更加捉襟见肘，不过现在已经有一个联邦政府层面的福利项目在夏季提供食品补助。

距离赫苏斯·德·洛斯·桑托斯贫困的童年之后30年，同在得州伊达尔戈县的另一个镇里住着一位名叫布兰卡的女子。28在《华盛顿邮报》一次著名的系列报道中，布兰卡向记者讲述了自己如何凭借着每月460美元的食品券——她的食物预算，养活自己和两个孩子。[22] 到了月底，她家的冰箱总是空空荡荡，让孩子们吃上有营养的食物几乎是不可能的。她15岁的女儿克拉丽丝已经出现了明显的糖尿病初期症状，比如脖子周围有胰岛素过量摄入导致的黑圈。布兰卡9岁的儿子安东尼奥则已经需要服用降胆固醇的药物。是学校的保健医生坚持要布兰卡带她的孩子们去看医生的。

医生确认克拉丽丝的血糖含量已经高得吓人，安东尼奥的胆固醇水平则居高不下。医生要求克拉丽丝减少糖分摄入，包括控制高碳水食物的量。安东尼奥则需要继续服用降胆固醇药物。安东尼奥问医生："这是不是意味着我不能再吃奇多（膨化食品）了？"医生回答说："是的。"

"一周只吃一包行不行？"

"不行。"

布兰卡很努力地想要让孩子们吃得健康一些，但孩子们对此很是抵触。有一天晚上，布兰卡做了西兰花，但孩子们不肯吃，妈妈最终不得不用大量黄油裹住菜花；即便是用巧克力做成的墨西哥莫莱酱也不管用，除非再配上一堆炸玉米片。一天晚上，安东尼奥想要找些零食，他自己向着冰箱走去。布兰卡希望儿子能做出正确的选择：或许吃片新鲜的水果什么的。但安东尼奥选的是超级马里奥牌的糖渍蜜饯，还有一罐健怡可乐以展现他减肥的决心。从父母的角度出发，穷人家的孩子并不比中产阶级的孩子更好搞定，而且能供穷人家孩子挑选的健康食品要少得多。

29    在伊达尔戈县的另一个家庭，四个孩子的母亲即便拥有一份全职工作，每逢夏日，没有了学校的免费午餐，她觉得要喂饱孩子们仍很困难。于是夏日的晚餐往往会包括薯片、玉米片、面包、吃剩下的甜甜圈、糖果以及胡椒博士汽水——净是些便宜的、只为填饱肚子的食品。

到了早上，一家人会等待送货的汽车为每个孩子带来足够一餐的食物，这是一个学校放假期间的福利项目，由联邦政府资助。她的一个女儿一直在窗前等着。送货的司机已经和这家人挺熟了，他告诉女孩这天的食物有梨、火鸡和饼干，然后问她是不是饿了。女孩回答："总是很饿。"

约兰达·米诺尔（Yolanda Minor）曾经当过家庭访视员，如今是救助儿童会（Save the Children）的外勤领导。她表示访问贫困家庭最重要的任务之一就是教会妈妈们如何申请SNAP，如何不为去食物银行和向慈善组织求援而感到羞愧，以及如何判断哪些食物是真正有营养的。[23] 救助儿童会的另一项重要使命就是确保孕妇能够获得足够的、恰当的食物。

一部大型研究文献指出，孕妇若饥饿或营养不良都会对胎儿造成严重的损害，甚至孩子出生之后的健康状况也会受到影响。[24] 米诺尔反感那些宣称穷孩子们也吃得挺饱的人。约兰达告诉我说："你只需要看看他们在学校里吃得有多快就会知道的。"

从19世纪末开始，当决定一个贫困家庭究竟应该获得多少补助时，美国就不断有研究贫困问题的分析师们提出应该对贫穷的母亲们能够获得的福利待遇进行更为严格的管理。一位住在巴尔的摩的贫穷母亲有一份晚间的全职工作和三个孩子，她告诉我说当孩子们在超市一排排的货架前请求她买些零食，而她其实连生活必需品都没能力买全时是多么的辛酸。一位研究贫困问题的专家在采访了超过40位贫穷或接近贫困线的母亲之后，表示她们中有些人甚至会叫孩子别再在人前向她们讨要哪怕一美元，[25] 因为她们实在连一美元也拿不出来，这太让人伤心了。

## 偶发性贫困以及周期性贫困

学者凯瑟琳·埃丁（Kathryn Edin）和 H. 卢克·谢弗（H. Luke Shaefer）讲述了克利夫兰一位白人男子的创业故事。[26] 主人公名叫保罗，年轻时在炼钢厂里有一份中等收入的工作——如今年轻的穷人可是找不到这种工作了。保罗用卖血换来的钱读完了大学，成了医疗器械方面的专家，之后用自家房子抵押借来的钱投入了卖比萨饼的生意。最终这个冒险之举成功了，他有了三家比萨饼店。

然而 2007 年到 2008 年的金融危机狠狠地打击了保罗以及千千万万和他一样的人——白人、黑人、拉丁裔或是亚裔——大家都以为自己已经稳稳地步入了接近中产阶级的生活，还为孩子们的未来打下了基础。保罗的比萨饼生意失败了，抵押的房子价值暴跌，他几乎失去了自己的家。按保罗自己的话说："我现在要还 65 000 美元的房屋贷款，而房子却只值 15 000 美元。"

他的孩子们和孩子们的配偶也失去了工作，带着孙辈来与保罗住在一起，他的家成了"20 个家族成员以及保罗和结婚 40 年的妻子萨拉"的避难所。SNAP 如今对保罗和他的家庭而言非

31

看不见的孩子

常必要。他努力想要为自己的孩子和他们的家庭申请更多的食品券，但没有获得批准。

考虑一下保罗的孙辈们面临的窘境。埃丁和谢弗描述道："前厅成了四个孙辈的卧室，上过油漆的地下室住着山姆和他的六个孩子。还有五个孩子以及保罗最小的女儿一起挤在二楼一间非常小的卧室里（摆着两张双层床和一张单人床）。保罗较大的女儿和她的家人则蜗居在狭小的阁楼里。"随着国家开始施行TANF计划，保罗无法获得任何现金福利援助，他的子女们如今真真切切地明白了贫困有多么绝望。

这种偶发或是间歇性的贫困是"二战"之后的新现象。据调查，人们的收入变得更不稳定了。一项调查显示，有95%收入在贫困线100%到150%之间的人群每年至少有一个月所挣得的钱低于贫困线。[27] 而收入不稳定的根源不仅是失业，也可能是"工作所得时高时低"——这是又一个不稳定的新状况。[28]

当约兰达·米诺尔还在做家庭访视员的时候，她经常拜访住在格洛斯特的一家人，那是位于密西西比三角洲的一个非常穷、非常小的社区，居民大多住在拖车里。应约兰达的要求，我在描述这家人的生活时略微做了些调整。这家的母亲34岁，就叫她卡萝尔吧，16岁就生了第一个孩子，紧接着又生了一个。她的女儿，就叫她玛丽莲吧，如今已经18岁了，她也在16岁的时候生了第一个孩子，第二年又生了一个。母亲和女儿以及她们

32

两人的孩子一起住在一套活动房里。约兰达说，逼仄的居住环境带来了持续不断的压力。而约兰达首要的任务之一就是让阅读成为她们生活中的一部分。但孩子们根本没有地方阅读，也没有地方做功课。

人们常会斥责卡萝尔和玛丽莲这样的女性，就因为她们非婚生子或当了少女妈妈。活得规矩些不行吗，他们大概会这样说。

由于避孕手段的普及，无论在白人、黑人或是拉丁裔的年轻人中，怀孕生产的少女人数都大大下降了。[29] 不过从 1960 年到 2009 年，所有群体中未婚怀孕的女性数量都大幅增加了。[30]（女性非婚生子的比例在 2009 年达到巅峰的 41%；而在我们现有数据的最后一年，即 2017 年，这一数据也达到了 39.8%。[31]）所以尽管生孩子的青少年变少了，但更多女性正在未婚的状态中怀孕生产。这些都是巨大的社会变化，而且在很多国家都已发生。尽管青少年产子确实减少了很多，但仍在切实发生——贫穷的年轻母亲以及她们的家庭不得不勉力度日。

约兰达需要确保卡萝尔和玛丽莲都参与到 SNAP 之中，了解怎样从附近的救济站和食物银行获得免费的食品，这也是约兰达会为自己所有委托人做的。卡萝尔和玛丽莲都在本地的商店干些零活或帮邻居们洗衣服赚些小钱。她们有时也会将自己获得的食品券偷偷卖些给别人以换取现金——这是非常穷困的人群为了支付电费或买衣服而经常使用的招数，尽管这是违法

看不见的孩子

的。约兰达对此只能视而不见，因为在穷人的街区里流传着这样的说法："有暖气没食物，有食物没暖气。"

卡萝尔和玛丽莲都不屑于争取参与 TANF 计划，因为 TANF 的补助数额小，而且要求她们得花上很多时间找一份正式的工作，但又很少真的能找得到这样的工作。因此 SNAP 成了她们唯一的、能够定期获得的收入。

33


## 住　房

与其他家境较好的孩子相比，穷孩子的居住条件要差上许多。有一项研究发现，城市里患有哮喘的贫穷儿童中，有 85% 的家中能够发现可能引发哮喘的蟑螂过敏原。[32] 相比白人儿童，更高比例的少数族裔的儿童居住在这样糟糕的环境里。

从 20 世纪 70 年代中期开始，低收入家庭越来越负担不起住房的开支。哈佛大学近期的一项研究结论表明，"60 年代感到房租负担重的人数比例为 23.8%，到 2016 年这个数字几乎翻了倍，达到 47.5%，因为住房开支一直在上升，而家庭总收入却没有跟上"。[33] 2017 年，收入少于 15 000 美元的人群中有 83% 认为住房对他们而言是非常大的经济负担（付出的房租超过收入的 30%），[34] 在收入介于 15 000 美元和 29 999 美元之间的人群里，持同样观点的人也占到了 77%。一项研究还发现那些需要将收入的 50% 及以上花在房租或住房开支方面的家庭，也就是被标为"房租压力极大"的人群，平均每月只剩下 565 美元来应付其他所有的开支。[35] 这个群体中黑人以及拉丁裔的比例更高。[36] 无论这些贫穷的人是租房住或是自有住房，情况都差不多。2017 年还有一项研究发现，"低收入的自有住房者和租房者中，因为这方面开支而感受到极大压力的人数比例是差不多的"。[37] 学者马修·德斯蒙德（Matthew Desmond）记录道："在收入水平相同的情况下，自有房屋的屋主面对房子的巨大开支时和租客同样无助。目前美国大部分租房住的穷人们将至少一半的收入都用来支付住房的开支。"[38]

穷人不得不住着最差的房子，[39] 这种情况时有发生。这样的房子往往坐落在贫困人群聚集的街区，犯罪率高，毒品泛滥，周边也很少有例如公园或者图书馆之类的公共设施。穷人们的居住环境往往也很拥挤，[40] 研究显示这对于儿童而言是危害最大的情况之一。

贫困儿童相比不贫困的儿童搬家次数更多，而且有证据显示经常搬家是有害的。[41] 居无定所会损害儿童的受教育表现和健康，影响儿童的专注力，还肯定会减少他们去学校的天数。相对应地，也有证据显示，通过住房补贴让家庭搬进更能负担得起的、更好的街区能改善儿童的整体发展。[42]

很少会有公道的分析师真的相信政府对住房进行的补助已经足够。参议员伊丽莎白·沃伦（Elizabeth Warren）曾提出一

看不见的孩子

项法案，想要大幅注资建造让人住得起的房子。其他有志总统选举的民主党人也纷纷提出了类似的住房补助计划。租房者还应享受其他福利，如遭遇房东驱逐时能获得法律咨询，以及突然丧失收入时能获得紧急援助，等等。

相比非贫困家庭的孩子，贫困儿童也更经常暴露在铅危害中。至少有 50 万，至多有 120 万 6 岁以下儿童的血液中铅含量超标。[43]

## 驱逐房客 

马修·德斯蒙德指出，对贫困人群住房问题进行研究已颇有些年头，早在一些经典之作中就有端倪，如弗里德里希·恩格斯在 1844 年发表的《英国工人阶级状况》（*The Condition of the Working Class in England*）以及雅各布·里斯（Jacob Riis）的《另一半人如何生活》（*How the Other Half Lives*）。但他指出，在最近几十年里却少有人对住房问题进行社会学分析，反倒是更偏向研究政府的住房政策。

但德斯蒙德指出，合法驱逐穷人的现象越来越频繁了。[44] 在他的著作《扫地出门：美国城市的贫穷与暴利》（*Evicted: Poverty and Profit in the American City*）中，德斯蒙德通过法庭记录来调查驱逐房客的原因和发生频率。他本人在密尔沃基一个穷人聚集的街区里生活了六个月，采访了很多在房屋法庭拿过驱逐令的人。他发现，在密尔沃基，每25个租客中就有一个每年都会被驱逐一次。之后他发现有些城市里，租客被驱逐的频率可能是一年两次，甚至一年四次。[45]非裔美国女性是最常被针对的，按德斯蒙德的计算，大约有五分之一的非裔美国女性每年都会拿到驱逐令。

如果你去房屋法庭，会在那儿看到很多孩子，事实上最多见的就是母亲带着孩子。德斯蒙德写道："在发驱逐令的法庭，你听到最多的声音是纷乱而轻柔的，很多人会叹气，咳嗽，低语，轻声对孩子们说话，间或是有人抑扬顿挫地念出又一个名字，略微停顿一下，然后法槌发出三声响亮的敲打声。"[46]纽约的房屋法庭甚至自带日间托儿所（布朗克斯、皇后区和曼哈顿的法庭都有，但布鲁克林的没有，因为那个区里无论驱逐房客还是士绅化都实在太普遍了）。驱逐房客的原因一般都是拖欠房租，但房东还有很多其他由头可以用来赶走自己不想要的房客。德斯蒙德与合作的研究者们认为2016年全美有230万人收到了驱逐令，[47]两倍于因持有毒品而被捕的人数。

上涨的房租是驱逐现象越来越频繁的主要原因，尤其对女性而言——另一个原因就是工薪阶层女性的工作报酬非但许久未曾上升，甚至还下降了。德斯蒙德写道，驱逐令对黑人女性造成的后果相当于入狱对男性带来的影响。

一纸驱逐令将使人很难再租到房子，而且也很难申请到公屋。被驱逐的对象经常最终沦落至无家可归。

36

看不见的孩子

## 无家可归和收容所

美国无家可归的人越来越多，这场危机在罗纳德·里根任期内发展得更快了，直到今天也不见减缓。2017 年有 33% 无家可归的流浪者是拖家带口的，[48] 而处于极端贫困状态的家庭很可能就是下一批无家可归者。有研究曾预测全美 2019 年会有 250 万儿童失去家园，[49] 或者与家人一起住在收容所里，或者临时借住在朋友或者亲戚那儿。有些儿童甚至单独住在收容所里。他们经常需要搬家，有时甚至是连夜搬家。也有一些儿童跟着单亲家长辗转在一个又一个公寓或者旅馆之间。假如不对这场危机加以干涉，纽约的公立小学中差不多有七分之一的孩子会在小学毕业之前流落街头。[50] 仅在 2015—2016 学年中，纽约就有大约十万名在校儿童无家可归，其中有 33 000 名住在收容所里。联邦政府报告指出无家可归的孩子饿肚子的可能性两倍于有家的孩子。[51]

无家可归的儿童中，有三分之一被迫与自己的家人分开。[52] 有充分的证据显示无家可归的儿童健康水平更差，[53] 认知发展延迟，且毕业率更低。

劳伦是曼哈顿下东区一家小学的心理治疗老师。她特别关注遭到虐待或者生活条件特别差的学生。她帮助的很多孩子都住在收容所里。马克（化名）是所有孩子中她最担心的一个。据劳伦说，马克的母亲好像酗酒。儿童服务保护中心已经好几次因为马克的妈妈对他漠不关心而将他带走。当马克和妈妈住在一起的时候，他们没有固定的住所，或者是跟着她去某一个收容所，或者住在她朋友的家里。而且马克的妈妈经常夜不归宿。

劳伦说："对马克来说，每一天都是不一样的一天。他经常非常饿，很疲惫，明显没精神，很情绪化。"[54] 马克在学校的表现也很差，而且他自己很清楚这一点。他已经 11 岁了，但仍在上三年级，已经留级两次了。

布里安娜现在是个收入不错的社工，[55] 但她和她丈夫曾经一度流浪街头。有一段时间，他们带着两个孩子住在汽车旅馆里，后来住在收容所里。救助机构经常按不同的性别安排睡觉的地方，因而一家人往往会在收容所里被拆开。布里安娜待的收容所不允许她为自己有严重哮喘的儿子携带药物，于是小男孩只能跟着爸爸住在一个汽车旅馆里。

阿巴拉契亚山脉附近的白人社区，尤其是在肯塔基州和田纳西州的，是美国儿童贫困率最高的地方，几乎达到 50%。在田纳西州的莱克县，有 46% 的儿童生活在贫困之中，[56] 汉考克县是 42%。这些地方的收容所也与美国其他地方一样，时好时坏，而且对住在里面的人约束颇严。

即便在有着相对发达的福利制度的大城市里，埃丁和谢弗

看不见的孩子

描写过那里的收容所："有些只接受女性，而且带着的孩子不能超过 5 岁。有些会要求入住的人参与宗教仪式。有些只接受刚刚失去住房的人。而还有一些会强制进行犯罪背景调查。有些收容所有很不错的网站，而有些则根本没有在网上更新过信息。有时候你只能打电话进行咨询，还有一些收容所甚至只靠人们口口相传。因而，要找到一个可以住的地方或许会花上好几天时间。假设你终于找到一个自己符合要求可以去的收容所了，而且那里也确实还有空房间，你或许会发现自己得拖着所有的行李长途跋涉，穿过整座城市才能抵达那个地方——当你没有钱的时候这将是非常困难的。"[57]

## 公共儿童保育

经过一代人的时间，美国已经成为一个几乎所有母亲都出门上班的国家。但是美国的新妈妈们却没有联邦政府买单的产假，这与很多其他国家都不一样。同时，免费、高质量的公共儿童保育机构在美国也并不普及。

TANF 计划会为满足就业要求的受惠者提供儿童保育服务补助金，但增加的补助金非常少。公共政策学者阿杰伊·肖德瑞（Ajay Chaudry）解释说，在如今这个呼吁个人责任的时代，联邦政府真是没让那些刚刚参加工作的贫困母亲好过。[58]事实上，在 20 世纪 90 年代为是否采纳 TANF 计划进行调研时，很少有人关注到会对儿童造成的影响。那些低收入的母亲们往往就是 TANF 计划的受惠者，她们所在的行业很少有提供可靠的育儿服务。直到 2018 年，国会才决定由联邦政府拨出更多资金用于公立儿童保育机构，但肖德瑞和其他学者都认为还有很长的路要走。

儿童可能不懂他们究竟被剥夺了些什么，但母亲们是知道的。免费而且高质量的儿童保育服务非常稀少。与此同时，研究已经证实了童年是塑造一个人的关键时期。

纽约已经开始为解决这个问题进行一些尝试[59]——新的、面对所有 4 岁孩子的全民学前教育项目非常受欢迎（另一个接收 3 岁孩子的项目已经启动）。即便如此，贫困家庭的父母仍旧很难找到托儿所或幼儿园。一大堆不同的项目以及不同类型的育儿中心都集合在"全民学前教育"的大旗下，令人晕头转向：有托儿所，包括联邦政府出资的"开端计划"（Head Start）以及面向更低龄幼儿的"早期开端计划"（Early Head Start），私人经营的、正儿八经的日托中心，还有公立学校的学前班，等等。每一处都有自己的招生办法和规定。造成这样的结果，部分原因在于市长德布拉西奥和他的班底制定的政策就是将现存的所有各自为政的力量，包括纽约市的、纽约州的，以及那些受联邦政府资助的儿童保育服务设施都整合在一起。但是目前看来并不均衡的合并托儿设施政策仍需要考虑到移民和少数族裔的

40

需求，他们期望能够找到说自己本民族语言、融入自身社区、位于自己居所附近的托儿机构和设施。

　　从联邦政府层面提供面向全民的公立托儿服务就能为这些免费学前教育的提供者提供支持，让它们得以取长补短、互相融合，最终在规则之上形成标准和课程要求，提供高质量、易入托、无歧视的学前教育。有总统候选人正提议要搞这样的项目。但在我看来，我们已经等不及立法了，让贫穷的母亲们能够有更多钱可以支配才是当务之急。


## 健　康


　　算上奥巴马医改的努力，健康保险的普及率已经大大上升了，但贫困儿童仍旧不能得到足够的预防性和紧急医疗服务。当然了，营养不良是导致健康不佳的一个直接原因。调查显示，贫困儿童的家长往往认为自己孩子的健康状况属于"马马虎虎"或者"糟糕"。

　　之前曾提到过，相比不贫困的女性，贫困的女性有更大可能诞下出生体重偏轻的婴儿。[60] 有一项研究发现，贫穷的母亲生出低体重儿的可能性与家庭收入处于前 20% 的女性相比，前者是后者的 2.37 倍。黑人女性诞下低体重儿的比例也差不多是白人女性的两倍。[61] 与其他国家比较的话，美国婴儿出生体重偏低

41

或者发育不良的概率比大部分欧洲国家都高出不少。

儿童保护基金会（Children's Defense Fund）曾密切追踪了克里斯·罗杰斯（Chris Rogers）的案例。[62] 他出生在 2000 年，母亲是当年 19 岁的安娜·罗杰斯（Ana Rogers）。出生没多久，小克里斯就有严重的耳痛问题。安娜是西班牙裔的单身职场妈妈，她从得州搬来辛辛那提。我们对小克里斯的父亲知之甚少，只知道他是非裔美国人，原本是个汽车零件工，因为公司搬去南部而丢了工作之后就离家出走去别处寻生活了。

医生开出的阿司匹林并没能让刚出生的小克里斯摆脱疼痛。之后医生给他开了一剂抗生素，这是针对耳部感染的常规处方。小克里斯还需要后续的治疗——过了几个月他才再次被带去医生那里。中产阶级家庭的孩子不可能需要等那么久。为了导出积存的脓液，小克里斯的耳朵里被插了管子。

评论家们经常会将孩子们的遭遇归因于不负责任的家长，但没有任何证据显示安娜忽视自己的孩子，正相反，她是个再负责不过的妈妈了。后来，奥巴马总统的《平价医疗法案》（Affordable Care Act）让生活在有些州的人得以通过医疗补助来减轻一些负担。但能够获得医疗补助福利的群体比例并不均衡，部分是右翼州政府进行阻挠的缘故。

尽管如此，美国确实有大幅增加能够获得政府买单的医疗保险的儿童数量。如今差不多有 95% 的儿童至少一年间有部分

**看不见的孩子**

时段是有医疗保险的。[63] 在 20 世纪八九十年代，医疗补助的覆盖面都有扩大，奥巴马的《平价医疗法案》通过后，有 37 个州已经将之纳入社会福利项目中。为因家庭收入过高而无法领取医疗补助的贫困儿童提供保险的 CHIP 项目在 1997 年创办以来也让更多的儿童能够获得医疗保险。

虽然和其他富裕国家相比还差了不少，但这些项目能够为降低婴幼儿死亡率和提升婴儿出生体重带来的益处都已经被详细地记录下来。不过最关键的挑战是让父母知道怎么参与这些福利项目。学校在这个过程中起到必不可少的作用，通过使用特别拨发的医疗补助金，学校能够开展工作并保证校内有医生。但还有做不到的地方，比如农村地区。共和党人们一直致力于削减医疗补助福利，为那些因工作收入超过一定标准而不符合获得医疗补助资格的人增加工作福利，这种做法严重危害了这个刚刚开始逐渐满足贫困人群医疗需求的体制。

小克里斯耳朵的感染终于被治好了，他从 2 岁才开始说话，比一般的孩子都要晚，但他的发音是含混不清的。过了一段时间，他在学习字母方面仍然严重落后——他只能认识很少的几个字母。而且他的词汇量也低于同龄的孩子。若是没有小克里斯的外婆照看孩子，在精神上支撑着他们母子俩，安娜和小克里斯很可能会流落到辛辛那提某个拥挤的收容所去。

随着小克里斯慢慢长大，他越来越心烦意乱了。在幼儿园

43

里，小克里斯一度变得很暴力，甚至有些危险。他对自己的同学又打又咬，偷看女同学的裙底，朝老师甚至有一次朝校长竖中指。但有时候他会突然在教室里就哭起来。他的外婆说，八点刚把小克里斯送去学校，九点就会接到电话要她再去把孩子接回家。

后来小克里斯终于对自己的学前班老师动了手——他把老师推倒在地上。于是小克里斯被位于辛辛那提西端的海斯小学开除了。过了没多久，《辛辛那提问询报》（ *Cincinnati Enquirer* ）就城里混乱不堪的公立学校进行了一次特别报道，小克里斯的故事被放在了头版。

他的外婆说，是这篇报道彻底改变了小克里斯的生活。他得到的治疗是与他在相同环境中长大的大多数孩子们都享受不到的。一位老师同意小克里斯到另一所学校接受特殊教育。他还被送去儿科医院的发育障碍科，精神治疗医生诊断他患有注意力缺乏多动症，小克里斯开始接受药物治疗。

最终，小克里斯被收入儿童中心专门为行为或情感有障碍的孩子开设的特殊班级，通常情况下是需要排很久的队才有可能被接收的。当时，学校为每个孩子每年补贴 20 000 美元，而在普通的公立学校里，每个孩子每年的补贴是 11 000 美元。小克里斯逐渐不再需要特殊教育，虽然仍有缺陷，但他已经过上了相对正常的生活——中产阶级孩子的生活。

"学校是唯一的所在，能让有目的的成人和孩子之间的关系

**看不见的孩子**

持续不断地发展并解决很多人成长过程中遭遇到的困难。"一位俄亥俄州的儿童心理学家如是说。"但中产阶级出身的孩子经常有广泛的社会交际和学习经历，而没有的孩子则会被当作傻、坏或者没法管住自己。"

小克里斯在婴儿期和幼儿时代究竟有多大的心理压力、经受了多少身体上的痛苦，我们并不清楚，但我们能根据经验做出猜测。自从 1970 年代起，美国"铁锈地带"开始去工业化之后，辛辛那提就不复当年的繁荣。但如果你能回到 50 年前的辛辛那提，这里又有了部分复苏的痕迹。但这里的儿童贫困率超过 46%[64]——换言之，生活在这个一度繁荣的城市里的儿童差不多有一半是贫困儿童。这一比例在小于 5 岁的儿童中还要更高。

小克里斯家附近的所有学校都需要接受教学督导，而且对学生都非常严格——辛辛那提的学校在 90 年代初就开始采取对犯罪行为零容忍的政策，这也反映了美国实行打击犯罪政策的决心，例如强制量刑就曾被用作联邦政府打击毒品和城市内犯罪行为的手段之一。在一些情况下，学校校长按照规章制度也只能让小克里斯停学了事。

这样的学校能够获得的资金拨款是俄亥俄州较好学区学校的三分之一。这样程度的资助不足以应付困难学生。辛辛那提的公立学校里有大约 70% 的学生是黑人，然而教师和学校的领导层则基本都是白人。在找到一个有一些黑人教师的学校时，安娜简直喜极而泣。

## 贫困的地理分布

从密度上说，西部和南部仍是美国最穷的地区，[65] 但政府也好、国民也好，大家关注的总是发生在东南部以及工业化的中西部城市里的贫困现象。

在城市里贫困率最高的街区中，穷人的生活简直是种折磨。学校很糟糕，退学率居高不下，招人的工作岗位很少，社会福利缺失，犯罪率也常比其他地方高。很多学者认为集中贫困现象会促使贫困代际传递，往往造成一种"贫困文化"。

在 20 世纪 90 年代经济腾飞、贫困率略微下降时，这种集中贫困现象曾短暂地减少了一些。政治科学家保罗·亚尔戈斯基是研究集中贫困的专家。通过美国人口调查局近期更新的数据，他发现集中贫困的发生率在 90 年代后期就又开始快速上升，[66] 近年来已经达到历史最高水平。换言之，美国正在倒退回贫民窟扎堆的困境。亚尔戈斯基认为这些盘踞着的贫民窟"不是住房市场公正运作的客观结果。从很大程度上说，它们是存心进行政策选择之后必然的、可预见到的后果"。他尤其强调了因为主要城市外围以及市内都缺乏让人住得起的居所而造成的影响。克林顿时期那些打着消除集中贫困的口号拆除公屋、驱赶城市贫民的项目都失败了——它们只不过让贫民窟搬了个

看不见的孩子

地方而已。

当一定范围内的贫困率达到或超过 40%，这个所在就被定义为极度贫困的街区，按亚尔戈斯基的统计，从 20 世纪 90 年代晚期以来，这种地方的数量已经翻倍。集中贫困发展最快的地方是中西部、大西洋中部各州、西南部以及密西西比州。社会学家威廉·朱利叶斯·威尔逊（William Julius Wilson）以及其他一些学者很早以前就争辩说，像这样把贫困人群隔离和集中安置在某一个街区严重加剧了贫困导致的种种不利。[67]

这种趋势给有色人种儿童增加了负担。相比黑人或拉丁裔的成人，更高比例的黑人和拉丁裔儿童住在极度贫困的街区。[68]其中黑人贫民的集中程度是最高的。近年来有四分之一的黑人和六分之一的西裔住在极度贫困的街区里。而对白人群体而言，这个数字是十三分之一。还有很高比例的黑人住在贫困街区附近，因而有更高比例的他们的孩子也住在贫困的街区。这样一来，他们的阶层就更为固化了。

产生贫民窟最多的是较小型的都市，[69]不过近年来郊区的贫民窟也越来越多了。随着城市内部越来越士绅化、房租越来越高，贫民只能流落到更加便宜的郊区去。白人中产阶级则搬去更远的郊区——或者搬回穷人们被挤走了的城市里。

47

低收入家庭在郊区能够获得的教育、就业或医疗福利更少。工作机会很少，公共交通很糟糕。这就产生了一系列新的问题，导致郊区的贫困发生率已经超过了城市中心区域。

在美国有太多的孩子生活在饥饿、压力之中，无法玩耍，无法进行正常童年应该进行的活动，在身体上和心理上备受摧残，不可避免地产生悲观的心态。我们还会进一步证实，这些孩子未来的机遇也会因此大大减少。

看不见的孩子

CHAPTER

# 3

——

**第三章**

# 美国对贫困的态度

尽管美国的儿童苦难深重、身处劣势，这个国家似乎并不情 48
愿，也无能力做些什么去帮助他们。个中缘由也有悠久的历史。

## 敌对的阵营

从 19 世纪早期开始，就贫困的起因，美国就形成了两个互相敌对的意识形态阵营。它们的观点刚好相反。奉行**个人主义**的阵营认为贫困是人们自己造成的。社会也好，经济也罢，都只承担最低限度的责任，个人的行为才是主要的原因。而那些倾向于认为是**经济**或者**制度**出了问题的人群经常被称为**结构主义者**，他们认为导致贫困最主要的原因是缺乏工作，缺乏政治权利以及种族歧视。而在我看来，这两个极端之间还有认同“贫困文化”的第三个阵营，认为导致贫困的既有自身行为，也因制度结构。

在美国，无论舆论和政坛，持个人主义观点的政治家总的 49

来说有着更大的影响力。因而，只有伤病人士、老人和儿童被认为是"值得同情"的穷人，而那些身体健全的穷人则是"活该"受穷，社会不欠他们什么，也不会提供什么帮助。美国曾经机会遍地，穷人们自己不够努力，没能利用情势。历史上确实曾有一个阶段，尤其对白人农场主和拥有自住房的人而言，这片热土真的能够让他们梦想成真——对比欧洲旧世界的生活就更能体会到美国的好。在富有的欧洲社会民主国家纷纷崛起之前，美国工人的工资确实普遍高过旧世界国家，[1] 不过远谈不上有那么高。

尽管这样的观念由来已久，在美国历史上，结构主义阵营偶尔也会扳回一局，重掌大局，有时能够就对贫困人群的补助做出些有意义的让步。而理智地对个人主义者们的观点进行抗辩的主要是左派人士，尤其发生在工业革命时期、19 世纪 90 年代经济衰退以及诸多"敛财大亨"（the Robber Barons）崛起的时期、20 世纪 30 年代大萧条时期以及 20 世纪 60 年代的"伟大社会"和"向贫困宣战"时期。虐待劳工的行为受到了规章的制约，政府也提供一定的收入援助，比如在 20 世纪初就开始向当了妈妈的女性发放补助金。之后，现金形式的福利补助在小罗斯福总统的任期内得以确立，且补助范围在林登·约翰逊总统在任期间进一步扩大。

但从总体上讲，个人主义观点仍旧占据了主导地位，这样的观点与等级观念、种族观念、精英主义以及一些宗教态度都很契合，而且还与商界宣称政府干预会破坏和阻碍效率及发展的观点不谋而合。

对待贫穷的个人主义态度早在 19 世纪初就已经逐渐占据上
风。在英格兰，1601 年颁布的《伊丽莎白济贫法》（Elizabethan
Poor Law）规定了在一定情况下政府有必要提供救济。不过根
据历史学家沃尔特·特拉特纳（Walter Trattner）的记录，"在
20 世纪早期，工业资本主义、城市化、更为严峻的贫困、更加高
额的税赋以及人们放任自流的处事方式，使得追求和集聚财富变
成了一种美德，而依赖他人则被视为罪恶"。[2] 曾任英国首相的
本杰明·迪斯雷利（Benjamin Disraeli）更认为贫困就是犯罪。
特拉特纳认为，"济贫的目的被定义为提升对于不安定的恐惧感，
而不是去寻找导致贫困的原因或者缓解因贫困造成的问题"。

而美国选择了一条相同的道路，大肆宣扬着个人主义的观
点和自力更生的理念。爱默生在 1841 年撰写了著名的散文《论
自助》，为推广个人主义观点不遗余力。第二次大觉醒颂扬勤奋
努力的个人价值观，甚至连《圣经》上的训谕都被重新解读了。

1819 年，美国遭遇了现代历史上第一次经济危机。到 1821
年，尽管很多人仍旧境况不佳，纽约预防贫穷协会（New York
Society for the Prevention of Pauperism）却留下了这样的记录：
"所有行为节制、生活节俭且愿意工作的人都不应因为失业而受
苦或沦于贫穷。"[3] 一位自封的改革者曾说所有那些"清醒且健
全的人，只要有意愿去努力，是绝不会失业太久的。他们也绝
不会长期陷于贫穷，除非是因为自身的愚蠢和堕落"。

第三章　美国对贫困的态度

济贫院以及劳动救济所开始在全国各地成立，但比起关怀，这些场所给人的感受更接近苛刻。身体健全的人往往会被派去干劳神费力的活计。劳动救济所环境恶劣、侮辱人格的目的之一就是尽可能地让人待在劳动力雇用关系中，不要随便丢了工作。

一些对贫困持怀疑态度的人非常忧心救济依赖问题——其激烈程度堪比1990年左右美国福利制度改革期间引发的激烈论争。

## 进步主义

随着19世纪后期美国逐渐变得繁荣，不少私人的社会改革派自发掀起进步主义浪潮，替代效率低下的政府救济项目。部分原因在于一些受过良好教育的女性在南北战争期间因为照顾伤患而发现了救助的意义和作用。当时受到格外关注的是贫困儿童的福祉，因为这一历史时期陷入贫困的儿童数量比其他任何年龄群体的人数都要多出很多。

一位走在时代前列的心理学家 G. 斯坦利·霍尔（G. Stanley Hall）在1904年发表的著作《青春期》（*Adolescence*）中详细研究了儿童的发展，[4] 成了我们这个时代很多工作的先导。很多人开始关注并采取了一系列可能帮助贫困儿童的方法。一度，年幼的孩子会被从父母身边带走，送入贫儿院；孩子长大之后也由专门成立的机构收容，包括感化院；甚至还为这些"不良青少年"建立起了法院系统。总的来说，大部分保护或者教养贫困儿童的早期尝试都是错误的。

之后，在19世纪，随着经济逐渐繁荣，新一轮的济贫工作开始了。这一时期，全美各地都开始兴建慈善性质的社区之家。这一运动的领导者包括简·亚当斯（Jane Addams），她是芝加哥赫尔馆（Hull House）的创办者。受过大学教育的女性和男性成为这些年间社会改革的推动者，相当于那个时代的和平部队。社工、护士、医生、大学生和教师在这些慈善机构里为移民和城市贫民送去食物并提供教育。与之前的改革者相比，这些人对纯粹的慈善行为不是太有兴趣，他们更在意的是贫民今后的发展和生活品质的提升。

52

在19世纪90年代，美国遭遇了百年间最严峻的经济衰退。贫困已经达到了不能轻易忽略的程度。部分美国人对社会主义政治浪潮的恐惧成了一种驱动力。揭露黑幕的记者和作家们纷纷发表有关商业滥用、政府腐败，以及纽约下东区和其他城区污秽贫穷状况的报道。抗议和暴力活动在那个年代频频发生，尤其随着工会的发展愈演愈烈。移民潮使得城市越来越拥挤，1860年到1900年期间进入美国的移民人数差不多有1 400万，[5]在1900年到1910年间又有900万人涌入美国。

尽管外部环境如此，这却是美国历史上少数几段在一定程度上开始考虑穷人需求的时期之一。更多人公开声讨薪酬水平低下，工会获得了更多的支持者。罗伯特·亨特（Robert Hunter）于1904年发表了他影响力颇大的著作《贫穷》(Poverty)，书中写道："无数家庭获得的薪水如此微薄，若不是精打细算地花，就不能够满足全家人的需求。"[6] 他宣称全美有一千万穷人，占当时人口数量的12%。

53　　　　1912年，一群在社区之家工作的社工们整理出了一份清单，[7] 罗列了一个像样的社会应该满足的条件。据历史学家迈克·华莱士（Mike Wallace）的描述，这些条件包含"每周六天、每天八小时工作，禁止在公租屋里进行生产，建立职业健康和安全标准，禁止雇佣童工，建立女性就业规章，由联邦政府提供事故、疾病、失业和老年保险"。同年，西奥多·罗斯福（老罗斯福）所在的进步党在总统大选时的政策就吸纳了这些要求，对于一个主要政党而言，这将搭建一个史无前例的社会福利平台。简·亚当斯支持老罗斯福的提案，她表示："新的政党已经成为美国的倡导者，回应世界范围内向着更加公正的社会环境前进的运动。在这场运动中，美国已经落后于其他很多伟大的国家，在政治上更是莫名其妙地反应迟钝。"[8]

　　　尽管如此，在美国，对贫困状况持怀疑态度的观点仍在发酵。我们确实制定了规定工资标准和工作时长的章程，也尽可能减少了童工的出现。公共卫生项目建立起来了，免费的公立教育覆盖面也得以扩大。由老罗斯福在1909年提出的联邦儿童局构想在1912年正式成为现实。但社会保险、健康保险和失业

　　　　　　　　　　　　　　　　　　　看不见的孩子

保险的提案没有通过，反倒是一些欧洲国家，尤其以努力抵挡社会主义压力的普鲁士国王为首，在 19 世纪晚期采纳了其中一些福利项目。

在保守的 20 世纪 20 年代，一些新的进步项目又被取消或者阻挠，但大萧条旋即笼罩全国。终于在 30 年代，彻底的制度调整、社会保险和就业计划席卷全美。

# 新 政

富兰克林·罗斯福（小罗斯福）担任纽约州州长时奉行"小政府"，[9] 但随着就业率不断攀升，他能快速转身进行极其大胆的实验性改革给人留下了深刻印象。仅仅几年，包括管控华尔街、社会保障制度、银行存款保险、失业保险、面向穷人的福利政策、由公共部门直接增加工作岗位、劳工劳资法案等举措在内，新政对美国社会进行了范围庞大的深度改革。但少有人提起的是，新政仍旧受到了美国人面对贫穷时根深蒂固的思维模式影响，认为政府能力有限，且恐惧慷慨的福利会使得太多穷人和工人养成依赖。

特别值得注意的是，新政中并没有包括全民医疗保险，这是欧洲国家建立一个全新社会安全网必不可缺的一部分，且受惠的不仅是贫困人群，而是全体美国人。此外，社会保障制度与之后的标准相比也不尽如人意，并没有达到退休收入的真正水平，而且不覆盖从事农业以及家政劳动的人员，其中很多是黑人。事实上，当时黑人参加向男性提供工作机会的"平民保育团"（Civilian Conservation Corps，简称 CCC）是有人数限制的。到 1933 年，参加 CCC 的工人中仅有 5% 是黑人，[10] 第二年也仅有 6%。CCC 项目的负责人罗伯特·费克纳（Robert Fechner）甚至公开表示"受雇的黑人数量不超过总人数的 10%，望大家周知"。[11] 而且 CCC 项目将白人和黑人完全分开——事实上，整个"二战"时期，甚至一直到《退伍军人权利法案》（GI Bill）颁布时期，在绝大部分受到联邦政府资助的福利项目中，种族隔离都是常态。[12] 贷款的黑人想要通过当时的房主贷款公司（Home Ownership Loan Corporation）申请补助也受到限制。[13] 而黑人父母承受的种种不公待遇免不了也会影响到他们的孩子。

哈里·杜鲁门总统也没能使得全民健康保险法案通过。各方的游说，尤其是美国医学会，施加了巨大的压力，强烈反对这项提案。[14] 此后，在共和党总统德怀特·艾森豪威尔的八年任期内，包括社会保险和失业保险在内的社会福利项目的覆盖范围扩大了不少，[15] 但对通货膨胀的恐惧和对"小政府"理念的倾斜注定了艾森豪威尔在花钱方面不怎么豪爽，也不愿意进一步扩展新政时期的福利待遇。他在全国兴建高速公路网，巨大的基建项目确实提供了大量工作，但这些公路在冷战最初几年里是作为国防项目被介绍给国民的。[16]

## "向贫困宣战"

与之前针对济贫政策不足的几次较为重要的进步浪潮不同，20 世纪 60 年代美国的"向贫困宣战"并不是由之前深重的经济萧条激发起的。事实上美国的经济正在好转。从 20 世纪 50 年代起到 60 年代初期，民权示威以及言论自由集会开始撼动美国社会，而且在 60 年代后半程中进展得更为快速。60 年代中期，洛杉矶的瓦茨、底特律相继发生城市暴乱。但国家经济形势确实前景不错。

整个 50 年代一直有人关心普遍被认为力度不足的社会福利政策。艾森豪威尔亲自否决了好几个重要的项目，左派人士对他很是不满。但公众此时对于贫困的认知并不充分，直到迈克尔·哈灵顿的著作《另一个美国：美国的贫困问题》问世。哈灵顿在书中宣称当政府认为自己已经解决了最为严重的经济危机时，全美仍有 25% 的人口，即五千万的美国人，曾一度沦于贫困，这本著作震撼了整个国家，一夜之间成了畅销书。社会评论家德怀特·麦克唐纳（Dwight McDonald）在 1963 年年初发表于《纽约客》的一篇文章中写道："在哈灵顿的著作问世以前，几乎人人都以为由于新政推广的社会法规，更重要的是因为从 40 年代开始就持续蓬勃发展的经济势头，已经使得普遍贫困不存在于这个国度了。"[17]

《另一个美国》问世的时候，刚好赶上民权运动，迫使平等和包容成为战后繁荣时期的美国人不得不直面的问题。艾森豪威尔在任的空白期后，美国人似乎准备好了重新应对种种社会问题。哈灵顿的作用与19世纪晚期到20世纪初那些揭露事实真相的调查记者们帮助引导公共舆论是一样的：公开信息，重启争论，且他的书作为一项分析型研究似乎在大萧条时期还对政策制定起到了一定的作用。

20世纪五六十年代的左翼文学铸就了一个动荡的政治阶段且形成了长期的作用。其中影响力最大的书包括蕾切尔·卡森（Rachel Carson）的《寂静的春天》（*Silent Spring*）、贝蒂·弗里丹（Betty Friedan）的《女性的奥秘》（*The Feminine Mystique*）、玛雅·安吉洛（Maya Angelou）的《我知道笼中鸟为何歌唱》（*I Know Why the Caged Bird Sings*）、詹姆斯·鲍德温（James Baldwin）的《乔瓦尼的房间》（*Giovanni's Room*）、拉尔夫·纳德（Ralph Nader）的《任何速度都不安全》（*Unsafe At Any Speed*），以及更早些时候拉尔夫·埃利森（Ralph Ellison）的《看不见的人》（*Invisible Man*）。对一个刚刚进行改革的国家而言，这些著作对于如反对种族主义、环境保护主义、女权主义以及企业责任等当下重点问题，从文学界的角度提出了见解。

哈灵顿的书是当时最为畅销、影响力最大的作品之一。在20世纪50年代以及60年代初期，美国更多的问题其实源于自身的富足且在技术方面较为先进：城郊的富人区是那么百无聊赖又循规蹈矩，物质主义毫不掩饰地炫耀和卖弄，各种广告简直毫无道德底线，日新月异的性习俗，还有核战争的威胁。

罗斯福在 1937 年曾说有三分之一的美国人营养不良，没有体面的居所，这种观点确有其事。毕竟那可是大萧条时期（事实上，当时的贫困率已经接近三分之二）。但是到了 50 年代，大部分美国人已经脱离了贫困，而且很多成功脱贫的人似乎会因而推断任何人只要有能力、有意愿就都能摆脱贫困。当时的美国在经济方面是过分自信了，总的来说，整个国家都认为新政已经减轻了资本主义造成的残酷影响。

随着越来越多的人呼吁扩展民权，约翰·F. 肯尼迪的首席经济学家沃尔特·海勒（Walter Heller）却担心，虽然整个国家的经济在"二战"后不断发展，贫困的状况却不能很快好转，而且少数人种的境遇相当糟糕。海勒把哈灵顿的著作连同其他有关贫困的报告一起交给肯尼迪，期望能对总统，甚至总统的弟弟、首席检察官罗伯特·肯尼迪（Robert Kennedy）有所启发。降低居高不下的贫困发生率成了政府工作的重中之重。

林登·约翰逊成为总统之后不久，白宫就邀请哈灵顿前往华盛顿担任"向贫困宣战"的顾问。哈灵顿加入了新成立的美国经济机会局（Office of Economic Opportunity），与包括肯尼迪的妹夫萨金特·施赖弗（Sargent Shriver）等人共事。

哈佛大学的经济学家约翰·肯尼斯·加尔布雷思（John

Kenneth Galbraith）曾在新政期间为罗斯福工作，[18] 他在 1958 年发表了畅销书《丰裕社会》（*The Affluent Society*）。这本书的标题常被误解。加尔布雷思所写的是繁华带来的挫败而非成就，但这本书仍旧激发进步主义浪潮在 60 年代重又抬头。在被公众忽视的一系列问题中，加尔布雷思用一种全新的角度讨论了贫困，强调尽管经济复苏、中产阶级兴起，贫困的问题却仍将存续。毫无疑问，他的观点影响了沃尔特·海勒，以及与他私交甚笃的肯尼迪总统。

可是加尔布雷思严重低估了贫困人群的数量，因为他也不能幸免于被沆瀣一气的研究者和政策制定者们口中远低于事实的贫困情况所蒙蔽。四年之后，哈灵顿报出的数字虽不一定完全准确，但更接近事实，也因而震动了整个国家，其中部分原因就在于著名的进步主义分子加尔布雷思竟也曾认可了早先政府对贫困程度的错误预估，尽管他的小说与重要的作品都在批判社会问题。（有不少学者认为，20 世纪 50 年代后期的贫困率远高于加尔布雷思的估算。）

哈灵顿认为应该将 3 000 美元作为贫困的分界线，但一些有名望的分析师认为这个数字应该在 3 500 美元一年，甚至更高。如果按哈灵顿的贫困线来界定，那么美国的贫困人口将达到 25%，而在加尔布雷思的计算中，贫困线应该划分在 1 000 美元，那么美国"13 个家庭中仅有一个"[19]生活在贫困之中，贫困率低于 8%。

看不见的孩子

衣着落伍、兢兢业业的社工哈灵顿虽要纠正温文儒雅、出身常春藤名校的加尔布雷思，一边仍免不了对他赞誉有加。哈灵顿在《另一个美国》中写道："尽管我与加尔布雷思的看法不尽相同，他的成就仍是巨大的。在美国，穷人太多了，他们生活在悲哀的亚文化中，却无法唤醒这个国家的良知，甚至大众都想象不到这个群体的存在——而加尔布雷思是最先认识到这一点的人之一。"而在大萧条时期，这样的"有识之士"还是很多的。

　　哈灵顿和加尔布雷思都认为只有搞一场政治运动才能确保社会公正，加尔布雷思曾宣称，经济发展本身并不能消除贫穷。哈灵顿则表示："我同意加尔布雷思的看法，60年代的贫困本身有种特质，即便是眼下这种前所未见的丰裕富足也无法将之压倒。他的著作中记录和描述了很多特别的原因，导致非技术工人、少数族群、从事农业劳动的穷人以及老人不得不生活在贫困之中。如果要找摆脱贫困的方法，那绝不会自动发生，一定得靠人的行动、得靠政策的改变。"

60

　　哈灵顿的著作推动了联邦政府在大萧条之后第一次对消除贫困问题有所动作。"向贫困宣战"是林登·约翰逊总统在1964年国情咨文演讲中宣布的，当年就通过了《经济机会法案》（Economic Opportunity Act）——从这个名称就能发现总统并不打算直接削减贫困，而是另有算盘。约翰逊总统考虑到保守派的想法，[20] 坚持说他打算提供给穷人的不是一剂"麻醉剂"，而是"机会"。"向贫困宣战"的具体措施包括关注贫困儿童学前教育的"开端计划"、"就业工作团"、由联邦政府向贫困社区的学校提供资金资助、让社区能够建立自己扶贫政策的理想社区提案，等等。[21]当博比·肯尼迪（Bobby Kennedy）努力让整个国家意识到大范围的饥饿正在发生，且南部尤为严重时，约翰逊还以立法的形式让食品券成为永久性的福利项目。[22]

约翰逊的"伟大社会"构想与"向贫困宣战"是分不开的。通过这两个大项目，他拓宽了社会保障福利的覆盖范围，[23]而且让老人开始享受医疗保险，也让穷人开始获得医疗补助。在约翰逊之前，很多个州都曾努力发展针对老人的退休保险项目，约翰逊时期则由联邦政府形成一个总的计划。约翰逊还进行了很多大胆的尝试，他在推进民权方面的非凡贡献——《民权法案》以及《投票权法案》使得《吉姆·克劳法》（Jim Crow）的很多内容，尤其是种族歧视被定为非法行为，这同样也是推动脱贫的一项有力举措。

在林登·约翰逊总统任期内对抗贫困的积极态度一定程度上也直接继承自罗斯福的新政。"抚养未成年儿童家庭援助"（AFDC）向贫困家庭提供现金补助，这是一个由小罗斯福在1935年开始的福利项目。到了60年代，AFDC项目的覆盖范围大幅增加，[24]将原本受到种种限制的黑人母亲也囊括在受惠者范围内了。这些改变是有组织的激进分子以及政策制定者们共同推动的结果。

61

一时间，美国洋溢着乐观的情绪，约翰逊总统的顾问萨金特·施赖弗甚至声称美国应该将在 1976 年前彻底消除贫困设为目标。[25]

## 美国绝对贫困线的历史

1969 年，美国选择将绝对贫困线定为官方贫困测度方式，这是以社会保险局分析师莫莉·奥尔尚斯基（Mollie Orshansky）的研究为基础做出的决定。[26] 她本人并不认为单是画下一条线并认定收入不达线的家庭将难以为继就足以区分出美国的贫困人群，但这种算法对法律制定者非常有吸引力——而且这条线划得很低，意味着联邦政府的支出不高。

于是，选定一条不变的绝对贫困线成了当时的权宜之计。贫困线也会上调，但仅因为通货膨胀的关系，而不是随着平均收入中位数上升。研究贫困问题的历史学家艾丽斯·奥康纳（Alice O'Connor）记录道：一条绝对的贫困线还有助于产生贫困率下降得很快的表象。[27] 而若是选用一条相对贫困线，一条根据收入中位数比例计算的贫困线，那么总会显示仍有一些贫困人群残留下来。

出于好意，奥尔尚斯基以最低食品预算作为贫困线的计算依据，因为营养状况分析经常被用来评判贫困与否。她关注美国农业部在 50 年代中期进行的有关食品开支的调研，然后以两种不同的食品预算，一种非常低，一种略微高一些，再将这一数值乘以三，从而计算出她认为合理的贫困线。

之所以要乘以三，是为了算上其他开支的部分，比如住房、用电、交通以及服装等。选择三倍这个数值是因为 19 世纪的一位德国社会改革家恩斯特·恩格尔（Ernst Engel）〔与卡尔·马克思的伙伴弗里德里希·恩格斯并无关联）发现，一个家庭越是贫穷，其收入花在食品上的比例就越高。按照恩格尔的计算，一个低收入家庭往往有三分之一的开支用于购买食品。

现有的研究显示，在 20 世纪六七十年代，贫困家庭花在食品上的钱确实没有那么多，但他们需要四到五倍于食品开支的钱去应付其他开支。而这是约翰逊政府没能发觉的事实。

奥尔尚斯基的贫困线在 1963 年的报告中首次被提出，[28] 之后在 1965 年又提了一次，当年的贫困线被定在年收入 3 128 美元。这与肯尼迪时期依据白宫经济顾问委员会经济学家罗伯特·兰普曼（Robert Lampman）的议案，又与由沃尔特·海勒为首的经济顾问们协商得出的结论基本上保持了一致。历史学家戈登·费希尔（Gordon Fisher）总结道，3 000 美元左右的数字应该是当时人们一致认可的。这差不多是一个全职职工当时能够挣得的最低工资，也是州政府能够给出的救济金的最高水平。按费希尔的记录，这个数字也是一个四口之家刚刚开始需要缴纳个人所得税的门槛。有好几种不同的分析方式最终都算出了基本差不多的贫困标准。

当然了，这根本不是制定贫困线的合理方式。误算让人痛心，因为在那个时期，关心贫困人群确实是政治重心，而且行动也落实了。奥尔尚斯基的本意是好的，她至少还提出要根据家庭人口数量对贫困线进行调整，因为她担心若是统一按同一条线来计算可能会少算同样身处贫困的儿童数量。

很少有人相信贫困线能够在停滞不动的前提下仍旧跟得上国家的昌盛和经济的变化。经济学家奥斯卡·奥尔纳蒂（Oscar Ornati）研究了 1905 年以来由改革者们、工会拥护者们以及经济学家们划定的贫困线，注意到大约每隔 10 年到 20 年，贫困线都会有较大幅度的上升。[29] 他的结论是，假以时日，分析师们会意识到若想要穷人们勉强维持生计，就需要切实提高他们的实际收入。仅因通货膨胀做些调整是远远不够的。事实上，今天美国采用的官方贫困测度已经有 50 年没有经过认真的调整了，这算得上是个丑闻。

甚至保守派的经济学家罗丝·弗里德曼（Rose Friedman），即米尔顿·弗里德曼（Milton Friedman）的妻子，也倾向于周期性地提高贫困线。奥尔尚斯基也很忧心，她在 1963 年就这样写道："随着生活平均水准不断提高，人们的需求不再局限于［眼下的］必需品，最低限度的生活标准也在发生着变化。"[30] 过了几年后，她还写道："当贫困线将要用来度量一段时间的发展，制定这条线的难度不断增加。假如测度标准能维持不变的话，就应该能够更好地应对统计学上的细微差别。但日复一日的生活现状都说明了不可能一成不变——至少不能长时间没有变化。尽管某一年的消费习惯改变可能是极其微小的，但从长期角度看，随着美国经济的发展，生活水平的提高将大到不能忽略不计的程度。"[31]

备受尊敬的社会保障局局长罗伯特·鲍尔（Robert Ball），也在 1965 年加入了讨论，他写道："收入水平测度（或者贫困测度）应该随着整体生活水平的提升而改变。"[32] 鲍尔争论道："接下来的几年中，我们将面对的最为艰难的方法论问题之一，就是何时以及如何去调整我们对贫困的定义。"

这一观念广为流传。鲍尔的一位同僚在 1967 年记录道："很容易发现的是，我们无法如同 1900 年时那样清晰明白地定义今日美国的贫困问题……更难的是预见在未来，究竟到何时，我们将要以怎样的幅度去调整对贫困的测度。然而显而易见的是，我们如今使用的测度方法尽管每年都在根据价格水平，即购买力，进行调整，在 20 年后，10 年后，甚至 5 年后，仍旧会演变成大家都无法接受的局面。"[33]

这样的共识被称为"贫困的弹性"，尽管广为人知，约翰逊政府仍旧选择不要使用一个需要进行周期性调整的测度方法。

还有很多其他例子可以说明约翰逊政府在对待穷人方面相当吝啬。奥尔尚斯基和其他人都曾敦促政府用 1965 年美国农业部计算出的较高的食品预算标准来替代 1955 年算出的数据，但这样一来贫困线就要上升 8%，会使达到官方贫困线的人数增加超过一百万人。当时经济机会局刚刚开始使用最原始的官方贫困测度方法来统计 1965 年应拨发的福利补助，此时想要进行微调可能较容易就能达成。但约翰逊政府不愿意再增加社会福利项目的成本，因为他们不想因此再惹保守派生气。

就在同一年，天生就有缺陷的官方贫困测度（OPM）完成了开发并开始实施，联邦政府拨出 1 680 亿美元（约为现在的 9 500 亿美元）[34] 将年轻而贫困的美国人送去参加越南战争。当约翰逊和民主党国会将战争支出列为当年预算的大头时，他们也拒绝增加福利开支以覆盖所有的贫困人群。

在 20 世纪 60 年代以及 70 年代早期，少有人分析或了解过 OPM 将如何影响儿童。约翰逊政府拒绝根据家庭人口数量对 OPM 进行调整，认为这样做太累赘了。

## 补充性贫困测度：出于好意却未竟全功的改革

没能处理好"贫困的弹性"给贫困人群造成了深重的后果。在刚启用的时候，OPM 差不多相当于普通家庭收入（中位数）的一半。[35] 而且 OPM 仅随通货膨胀上调，与消费者物价指数（Consumer Price Index）挂钩，因而随着美国平均收入不断增加，OPM 的占比一路下降。到 1990 年，OPM 仅占家庭收入中位数的 40%，到近几年就差不多只占 30% 了。整个国家的国民和媒体鲜少了解这个数字。仅是宣称因为贫困线设置过低导致全国有 17.5% 的儿童生活在贫困之中是毫无意义的。

20 世纪 90 年代，受国会邀请，有一群不同领域的专家在美国国家科学院的帮助下提议对 OPM 进行大改。

20 世纪 90 年代，一些新的社会福利项目开始实施，有些老的项目则拓宽了覆盖范围，但税收抵免制度由此开始实行，造成了一个重大的全新计算问题。所谓税收抵免，包括劳动所得税扣抵制（EITC）和儿童抵税金（CTC）。个人根据收入不同，需要缴纳的税金会有不同程度的减少。但因为税收抵免并不等同于得到现金，因而当计算官方贫困线时，抵免的税金不被计入贫困人群获得的收入。重要性与日俱增的食品券也因不是现金而不被计入，同样的情况还涉及"妇幼营养补助计划"（Women, Infants, and Children，简称 WIC）以及一系列其他的项目。保守派以及其他一些人士因而宣称实际贫困率应该远低于人口调查局的官方统计，因为有数以百万计的儿童被错误地归入贫困人口中去了。

制定补充性贫困测度（SPM）的部分原因也是为了应对税收抵免。SPM 计算的是税后收入，因此在测度贫困人群收入时将包括 EITC 以及其他税收抵免福利都统计进去，还包括了食品券。但与 OPM 计算税前收入不同，SPM 会从收入中扣除缴纳

看不见的孩子

的个人所得税以及薪资税。

在制定 SPM 的过程中，专家们最终承认之前的绝对贫困线易生误解。SPM 统计方式不仅计入食品支出，还有一系列其他的需求，例如住房、服装、电力等，算法计算时取最近五年家庭开支的平均数。这个数值每年都会变动：将最新一年的开支情况纳入计算，又将最早的数据移除。这样一来，就形成了一条准相关贫困线——与绝对官方贫困线不复相同了。

SPM 的制定者们还认为贫困人群某些使用现金进行的购买行为也应该从收入中被扣除，比如用现金支付的医疗开支，尤其是老人们的这块开销，还有所有与工作相关的开支，比如为工作需要而支付的儿童保育开支，以及交通费等。

从表面上看，SPM 看似尽可能地承认了穷人的需求，其实这种算法仍是有偏向性的。贫困人群能付得起的现金都被扣除掉了。然而举例来说，相比中产阶级，年轻的低收入者其实并没有多少钱可以花在儿童保育上，因而当计算贫困线时他们的收入并没有减去太多。学者肖恩·弗雷姆斯塔德（Shawn Fremstad）认为，正是出于这个原因，SPM 算出的结论中，即便贫困人群总的来说增加了，儿童贫困问题仍被严重低估了。与此同时，在 SPM 算法下，老年人的贫困率直线上升，因为他们在现金医疗方面的开支是非常巨大的。

SPM 还按地域就住房开支进行了调整，结果很反常：在贫困高发的乡村里，贫困率反而下降了，因为那里的物价也比较低。很少有人同意按地区进行统计得出的贫困率是准确的。

与保守派以及其他一些人的预期不同，当人口调查局在 2011 年第一次正式发布补充性贫困测度方法时，[36] 用 SPM 算出的贫困率并没有下降，反而**上升**了，虽然仅是一个到两个百分点。2017 年，一个没有自有住房的四口之家按全国补充性贫困测度算出的贫困门槛是 27 005 美元，[37] 而按 OPM 的老算法，这个数字是 24 858 美元。按 SPM 算法，美国多出了差不多 130 万的贫困人口。

测度贫困更为理智的方法可能是直接使用相对贫困测度方式，即对应典型收入的某个百分比，就和欧洲的做法一样。然后我们就可以得到一条更高的贫困线，并能同时测度贫困人群获得的所有收入究竟达到什么水平——这是一场社会变革，自带测量机制，能够随时衡量我们社会在经济方面的平等程度。

在"伟大社会"刚开始的时候，美国的官方贫困线大约等于典型收入的一半，但由于它的计算方式，如今的贫困线只相当于典型收入的大约 30% 了，这并不让人太意外。约翰逊政府不敢将贫困线定得太高，因为扩大社会福利项目的覆盖面意味着更多的开支，会惹恼政治对手，扰乱美国在阶层、种族和性别方面的等级制度。"伟大社会"的 OPM 算法在 1969 年由理查德·尼克松总统定为官方贫困线统计方式——这位先生可不怎么在意贫困线是不是定得太低了。

# CHAPTER
# 4

---

**第四章**

# 反福利依赖政策之共识

　　20 世纪 70 年代中期，美国人对贫困的一贯看法又一次占据主流，替代了罗斯福时代奠定的社会观念。很多美国人担心当时的扶贫以及收入支持项目会使得受益人过度依赖政府，所以他们最终决定社会救助项目应该对受益人提出工作要求。美国贫困群体能够无条件获得的现金补助越来越少，这是一个根本性的转变，折射出个人主义观念重又抬头，美国人再次回到了老路上，认为贫困无非咎由自取。

　　美国的扶贫政策自此摒弃了林登·约翰逊提出的"向贫困宣战"路线。个人主义拥趸的最大成就莫过于对社会福利项目进行的改革，其结果就是于 1996 年推出的"贫困家庭临时援助计划"（TANF）。这一计划背后的法律依据被命名为《个人责任和工作机会协调法案》（Personal Responsibility and Work Opportunity Reconciliation Act，简称 PRWORA）——多么工于心计的叫法。

　　新的援助计划取代了约翰逊时代以及富兰克林·罗斯福时代为贫困家庭提供援助的社会福利项目，对所有期望从中获益的人群提出了工作要求，而在原本的福利政策下，有孩子的困难家庭可以无条件地获得现金援助。相比始于罗斯福时代的"抚养未成年儿童家庭援助"（AFDC），TANF 计划最终只覆盖了原本三分之一的家庭。[1] 作为社会制度变革的核心，下一章中将更为详细地就福利政策之争进行讨论。

在这段时期内，涉及儿童的社会福利政策还经历了其他一些重大的改变，重塑了美国的社会安全网。

## 税收抵免和转让

"劳动所得税扣抵制"或"收入税收抵免"（EITC）最初由杰拉尔德·福特总统领导下的共和党在 1975 年提出，[2] 这些年来发展得更为慷慨，如今已成为美国最主要的社会福利项目之一。它设定一个上限，为收入低于标准家庭收入的提供一定的税收抵免额度，家庭收入越高，能够抵免税收的额度越低。在 20 世纪 80 年代，通过该制度能够获得的福利有所提升，尤其在 1993 年上涨了很多，后来在 2009 年金融危机后的萧条时期再次增加。所有养育子女的就业者家庭都能够获得税收抵免，近来，甚至个人也可以从这项制度中获得些微好处。

民主党一直主张要扩建美国的社会安全网，因而收入税收抵免格外受到民主党人的欢迎。例如国会议员罗·康纳（Ro

Khanna）就曾提议将低收入家庭的免税额度翻倍并提高就业个人的抵税额度。[3]这一制度产生的税收支出（即由于执行收入税收抵免制度而放弃的税收）现下为有孩子的家庭提供超过600亿美元的福利。[4]相当多的证据表明，无论哪个政派都认为这一抵免制度在激励美国的低收入人群参与工作方面有着巨大的价值。收入税收抵免还有一个独特的政治优势：人们所获的福利并非直接支出，因而不会出现在联邦政府预算之中。而在美国起初执行的AFDC项目中，由于工作时间的增加、收入的增加，低收入人群能够获得的福利补助会显著减少。不过尽管AFDC项目让很多人恼怒不已，它的总体规模并不大，而且开支呈逐年下降状态，从1976年的260亿美元降到1996年的204亿美元。[5]

随着收入税收抵免逐渐扩大覆盖面，越来越多的家庭得以参与其中。2017年，有大约44%有孩子的家庭能够从中获益。[6]有一个孩子的家庭最多能通过这一制度增加3 400美元的收入，有两个孩子的家庭最多能获得5 616美元。美国人通过税收抵免平均能够增收超过3 000美元。但是随着收入增加，能够通过抵免获得的好处会越来越少，[7]当有一个孩子的家庭年收入达到40 320美元、有三个及更多孩子的家庭年收入达到49 194美元时，这些家庭都无法再获得税收抵免额度。

有孩子的家庭自1996年起还能获得另一项类似福利，即"儿童抵税金"（CTC）。这两个福利项目加在一起已经使得890万人脱离了根据"补充性贫困测度"（SPM）计算出的贫困线，[8]其中有 480 万是儿童。

儿童抵税金的运作方式与收入税收抵免类似。有孩子的就业者家庭中，每一个未成年子女都能为整个家庭增加 2 000 美元抵税额度，[9]但不适用于个人年收入超过 200 000 美元或夫妻联合申报年收入超过 400 000 美元的高收入人群。特朗普政府的税法调整已经使得大量经济宽裕的家庭也加入享受儿童抵税金的队伍中，在此之前，凡是个人申报年收入总值达到 75 000 美元或夫妻联合申报达到 110 000 美元，就无法再获得儿童抵税金额度了。[10]因此，2017 年，儿童抵税金使得联邦政府少收了 500 亿美元税金，[11]到了 2018 年（在特朗普对高收入家庭网开一面之后），这一项目的间接开支达到了 1 004 亿美元。

在现有政治体制下，除了医疗援助外，这两项税收抵免已经成为针对儿童最大的扶贫项目。有研究显示，大部分抵税额度都分配给了那些所得薪资能够足额享受抵税福利的美国人。有两个孩子的单亲家长若年收入为 10 000 美元，那么 2019 年这位家长能够获得的收入税收抵免额度为 4 010 美元；[12]但假如这个家长的年收入为 20 000 美元，那么他／她的抵税额度就是 5 616 美元。儿童抵税金同样不公。无税可交的贫困家庭每有一个孩子只能获得 1 400 美元抵免额度，想要得到全部的 2 000 美元，家庭年收入至少得达到 12 000 美元。对那些需要缴纳的税金比抵免额度还低的家庭，有部分抵免是可以通过退税的方式

看不见的孩子

换成现金的，收入税收抵免也是如此。对于极低收入的赤贫家庭，通过"退税"获得一些补助十分关键。尽管如此，学者希拉里·霍因斯（Hilary Hoynes）和戴安娜·尚岑巴赫（Diane Schanzenbach）记录道："受到福利体制改革以及无条件现金补助减少影响最大的就是极低收入群体。收入税收抵免支出增加部分的一半以上，以及儿童抵税金支出增加部分的四分之三以上，都被分给了年收入达到贫困线100%至200%之间的人群。"[14] 有一项国会运动就提出，要将更多福利返还给那些极低收入人群。

其他针对儿童的重要扶贫项目还包括食品券、医疗援助、住房补助以及 TANF 计划。总体来说，联邦政府近年来在儿童帮扶方面（包括劳动所得税扣抵制和儿童抵税金）的年度支出大约是 4 810 亿美元，相比 2010 年的 5 160 亿美元有所下降。[15] 不过将1990年所有涉及儿童的福利项目开支加在一起折现换算，[16] 大约相当于如今的 1 100 亿美元，可见美国政府为贫困儿童所做的并不少。但仍旧有数以百万计的美国儿童生活在贫困之中，需要做的还有很多。

按 SPM 算法统计，美国的儿童贫困率已经从 1967 年的 28.4% 下降到了 2017 年的 15.6%，这种算法受到很多改革派的青睐。在奥巴马经济顾问委员会授命下，哥伦比亚大学的一个研究团队根据这种算法得出结论：儿童贫困率下降了大约 45%。但有些改革派认为这样计算夸大了儿童贫困率的下降幅度。比如，这种算法中用以定义贫困的商品种类在计算 1993 年、1998 年以及 2010 年的结果时都不曾变动。在此前的一份报告中，哥大团队曾采用一种更为常规但被一些持较为激进观点的经济学家和社会学家们认为更为准确的算法，得出的结论是贫困率下降了 20% 到 25% 左右，降幅远不如前。虽然不如不靠谱的算法得出的结果那么激动人心，任何贫困率的下降总归是值得庆幸的。只不过，不管怎么算，按照国际标准，美国的儿童贫困率仍旧很高。

## 为什么儿童贫困率高企不下

根据不同算法，美国的儿童贫困率在 15% 到 17.5% 之间，远高于其他发展水平相当的国家。从 1960 年到 2017 年，几十年来，联邦政府花在儿童身上的钱（包括所有税收抵免以及被扶养人免税额度）虽然一直不断增加，但不曾超过当年 GDP 的 2% 到 3%。[17] 与此形成强烈对比的是，联邦政府在赡养老人方面的开支从 2013 年就已经上升到占 GDP 的 7.1%，[18] 2018 年又提高到超过 GDP 的 9.3%[19]——其中大部分花在了社会保险和医疗援助上。一项近期的研究显示，根据通货膨胀进行调整后，"联邦政府花在老年群体身上的钱从 1960 年到 2017 年一直在增加……从大约 4 000 美元涨到大约 29 000 美元"每人。[20] 而在同样的时间段内，联邦政府在扶助贫困儿童方面的开支尽管增长了 16 倍，也不过从大约 300 美元每人增加到区区 4 800 美元每人而已。（要考虑到美国 1960 年的 GDP 仅有大约 5 000 亿美元，现今这个数字是 200 000 亿美元——增长了 40 倍。）

有人提出，用新的 SPM 算法统计时，老年群体的贫困率也出现了明显的上升，但这是有误导性的，主要原因是计算贫困率时，老年人在医疗方面相对较大的现金开支从他们的收入中被扣除了。

至此，我们谈及的仅有联邦政府面向儿童和老年群体的扶贫项目。因为公共教育基金的关系，州政府、地方政府拨发给儿童的援助其实远高于对老年群体的援助。尽管如此，美国的联邦政府和州政府所有花在老年人身上的钱仍旧是儿童的大约 2.5 倍。[21] 并不是说面向老年人的社会福利就理应被废除，而是我们应该增加孩子们的福利待遇。

这并非人力不可及之事。从规模和优先级的角度考虑，今日美国偏爱将税收抵免和豁免作为发放社会福利的方式。联邦政府每年少征收的税金中有大约 17 000 亿美元流进了中上阶层人士的口袋[22]：个人按揭贷款利息以及企业为员工购买健康保险的支出都是可以抵税的。也就是说，按目前的税收支出计算，每年花在扶助贫困儿童身上的钱与分给中产阶级以及富裕美国人的福利相比，**前者还不及后者的十分之一**。

## 钱到了谁的手里？

　　美国政府在援助贫困儿童方面支出了数以千亿的金钱，但这样做是否真的帮到了最需要的人群？根据人们的开支明细，希拉里·霍因斯和戴安娜·尚岑巴赫进行了一项极有价值的研究，证实这一担忧不无道理。从霍因斯和尚岑巴赫精心整理的数据中能够得出最为关键的发现，即在 1990 年，有孩子、符合官方数据的贫困家庭得到了全部社会福利支出的 87%，[23] 但到了 2015 年，这一数字跌落至 56%。她们在计算时统计的福利项目包括：医疗援助，劳动所得税扣抵制，儿童抵税金，补充营养援助计划，住房补助，早先拨给现金福利的 AFDC 项目以及它的替代品、脱胎于"工作福利制"的 TANF 计划。

　　霍因斯和尚岑巴赫记录道："在福利体制改革尚未发生的 1992 年，收入税收抵免的规模相对较小，当时还没有儿童抵税金，社会福利面向的就是收入分布最底端的人群。到了 2015 年，TANF 计划不是必然能够享受的权力（因而不再忝列于本研究数据中），劳动所得税扣抵制的覆盖面扩大了，儿童抵税金出现了，补充营养援助计划基本维持原样。从净值角度看，福利资源逐渐不再属于最低收入群体，而是向着收入分布更高端的人群流去了。"[24]

因而，20 世纪 90 年代的福利体制改革标志着美国的社会福利政策发生了重大转变。霍因斯和尚岑巴赫通过极有说服力的细节以及过硬的数据证实了这一点。她们记录道："过去 20 年间，儿童扶贫基金的实际受益对象也发生了很大改变。"[25] 具体来说，就是"越来越大的一部分资金被拨付给了接近或者已经跨越了贫困线的儿童，而真正赤贫的儿童，那些生活水平远在贫困线以下的儿童，尽管这个群体的数量居高不下，他们能够获得的援助却是越来越少了"。

由于很大一部分非裔美国家庭生活在贫困线下，这些政策对他们造成的影响格外巨大。霍因斯和尚岑巴赫还强烈主张说这些附带工作条件的福利政策使得穷人以及他们的子女在经济萧条、失业率上升的时期处境更加艰难。联邦政府应该回应他们的需求，加强补充营养援助计划的援助力度、扩大失业保险的覆盖面，就如同此前奥巴马政府在经济萧条时期的做法，只有这样才能减轻贫困对这些家庭的影响。

接下来让我们换换口味，回顾一下"向贫困宣战"时期直接拨付现金的福利模式。


## "向贫困宣战"如何进行？

鉴于美国人对帮助穷人这件事抱着阴阳怪气的态度，那么政策制定者和其他一些人士恨不得抓住每一个机会宣布约翰逊时代的脱贫项目不但失败，甚至让贫困现象更严重了，那也就不足为奇了。但罗纳德·里根总统在 1983 年评论说在"向贫困宣战"的过程中"贫困赢了"，这就没道理了。[26] 官方贫困率——收入落在新划定的贫困线下的人口比例——在 1959 年是 22.4%，[27]差不多有 4 000 万人。到 1973 年，贫困率下降到 11.1%，只有2 500 万人了。先是经济的快速发展，还要加上约翰逊的各种政策，才带来了如此快速的成功。社会保险额度上升之后，老年人的贫困率下降得最快，不过儿童贫困率与家庭贫困率也下降了差不多的幅度。

在"向贫困宣战"的过程中以及斗争刚刚结束的时候，很多人认为这个国家在应对这个拖了好久的沉疴方面已经取得了足够多的进步。但进步其实很缓慢。在接下来的 45 年里，生活在 OPM 统计得出的官方贫困线以下的人群数量从来没有低于过美国总人口的 11%，甚至还上升到了 15%。在里根总统和乔治·W. H. 布什总统任期内——这是一段失业率高企、工资停止上涨的时光——官方记录下的贫困人群数量接近 4 000万。里根总统曾决定削减一些"伟大社会"时代的福利项目，而且他真的这样做了——比如减少了食品券的额度。按非官方的 SPM 算法，里根总统任期内的儿童贫困率上涨到了 30% 之高，即便只看官方数字，1989 年美国的官方儿童贫困率也高达 20%。[28]

比尔·克林顿总统任期内，美国经济一片繁荣，官方贫困率继续下降，但贫困人群的总数在 2008 年经济危机时一下子上升到了 4 500 万。目前，这个数字稳定在 4 300 万左右，官方统计的贫困率是 12.3%——再也回不到 11% 了。容我提醒各位，在今日美国的官方统计中，有 17.5% 的儿童生活在贫困之中。

"向贫困宣战"最振奋人心的成果莫过于在对抗极端贫穷和饥饿方面取得的成功。菲尔德基金会（Field Foundation）是芝加哥零售巨头家族的一个分支，曾在 1967 年 5 月资助医疗观察团前往深南地区调查当地的饥饿情况。[29] 他们发现了非常罕见的病例，如极端消瘦和夸希奥科病（恶性营养不良），还有佝偻病和其他严重营养不良造成的病症。彼得·埃德尔曼（Peter Edelman）和罗伯特·肯尼迪之前也结伴南下，亲眼见证了严重的饥饿。1968 年，哥伦比亚广播公司（CBS）的一部电视纪录片用镜头记录了一个新生儿死于营养不良的案例。[30]

十年后的 1977 年，菲尔德基金会的团队又一次来到深南地区，这一次，他们取得了巨大的进展。团队成员之一、一位内科医生记录道："我们在 60 年代后期随处可以发现大量证据说明儿童缺乏维生素和蛋白质，但现在已经不那么容易看见浮肿的肚皮和干瘪的婴儿了。"[31] 这清楚地证明了社会福利项目是有意义的。

## 第二轮脱贫努力

总有人质疑贫困。越南战争的巨额开支以及越滚越大的联邦预算赤字使得政府缩减了对贫困的帮扶力度。新开展的扶贫手段愈发受到管制，新制定的政策则多以个人主义的观点为基础，认同尽可能减少福利开支，削减贫困人群的社会权利。尼克松总统曾提议要让有孩子的家庭获得有最低保障的收入，但他实际想做的是减少常规的现金福利。卡特总统在几年之后又一次提出要保障家庭收入。两项提案都被国会否决了，说明当时人们对贫困政策，尤其是涉及现金福利的贫困政策，是抱持怀疑态度的。

但也有其他一些福利项目确实被接纳了。其中一项是"社会安全生活补助金"（Supplemental Security Income，简称 SSI）项目，向 65 岁以上的低收入个人以及失明或残疾的成人发放现金补助。另一项新的现金福利项目则是针对营养不良的女性、婴儿以及儿童的"妇幼营养补助计划"（WIC）。收入在官方贫困线 130% 以下的人可以获得食品券，而且额度上升了。起初，受惠者需要自己出资购买食品券，[32] 但 1977 年通过的法律取消了这项规定，使原本几乎没有被覆盖到的更贫困的群体也能享受这项福利。里根总统为低收入的工人减低税赋，并扩大了医

**看不见的孩子**

疗补助的覆盖范围。但别忘记，也正是他降低了食品券的额度，还削减了一些其他的福利项目。

没过多久，到了20世纪90年代，个人主义观点的持有者们又一次在福利制度改革这场战役中掌控了政治和理论的高地。尽管行为主义的模式在理解贫困起因时仍然备受争议，尽管各主流政派、专家以及学院派自80年代起就对"贫困文化"之争议达成了共识，一个以与税赋相关的社会政策和工作要求为主导的新时代即将开启。

CHAPTER

# 5

第五章

## "贫穷文化"

首先用"贫穷文化"作为一种解释机制来描述持续性贫穷现
象的是社会学家奥斯卡·刘易斯（Oscar Lewis），他在描写墨西
哥、波多黎各以及 1960 年代有大量人口说西班牙语的纽约时，[1]
提出在这些国家和地区都有着维持坏习惯的文化。穷人的一些
行为对他们而言是常态，刘易斯认为正是这些行为让穷人们一
直贫穷，包括轻易屈服于疲惫和颓废，对延迟满足无能为力。
刘易斯认为穷人们会将这些习惯传给自己的后代，导致困住穷
人的围墙越来越厚。

这种观点颇吸引人，这是显而易见的。卡林·古斯塔夫森
（Kaaryn Gustafson）是加利福尼亚大学尔湾分校的法学教授，
她在 2014 年是这样说的："'贫穷文化'之所以很能感染人，是
因为它提供了一种清晰的解释，这样一来，个人作用也好，集
体责任也罢，一下子就都与贫穷无关了。但这种对贫穷过分简
单化的理解，即认为有些人已经形成了非主流但固定的社会和
经济亚文化，蒙蔽了我们的双眼，让我们不再看见是历史的意
外和政治的决定导致了大多数富裕国家的高贫困率。"[2]

历史学家艾丽斯·奥康纳根据自己的观察所得提出，贫穷是种文化的想法代表着相异性："相异性，经常与贫困处境联系在一起，即穷人是与自己完全不同的人，这是美国一直存在的错误想法，甚至跨越了意识形态的界限。"[3] 这个观点尤其符合美国人对穷人的一贯态度，认为他们应该为自己的处境负责。

很多人都争论说，黑人有一个脱离于美国主流文化之外的"亚文化"。他们属于一个"下等社会"。假如黑人男性能够有责任心、努力工作、挣脱文化陷阱，那么他是能够摆脱贫穷的。如果黑人女性不那么早结婚或者未婚生子，那么她也应该不至于那么穷。不幸的是，自诩左派的民主党欣然接受了这种观点——甚至连最有才华的左翼作家也不例外——并加入了右翼队伍，为社会福利加上了工作要求，并几乎断绝了所有以无限制的现金形式发放的福利。

肯·奥莱塔（Ken Auletta）在 1982 年撰写过一本名叫《美国底层阶级》（*The Underclass*）的著作，书中揭示了贫民窟的生活与美国其他人的生活"截然不同"。[4] 这本书是在里根总统发起反对福利制度的运动初期写的。后来成为备受尊敬的哥伦比亚大学新闻学院院长、《纽约客》以及《纽约书评》杂志自由撰稿人的尼古拉斯·莱曼（Nicolas Lemann）也曾于 1986 年在《大西洋月刊》上发表过两篇长文，表示"黑人的生活已经足够鸡零狗碎，但贫民窟的生活与之相比可能要破败一千倍，贫民窟里的人们说着另一种语言，有着另一种经济和教育体制，社会道德体系也与其他地方迥然不同"。[5] 在他看来，能够步入中产阶级的黑人以及一直生活在底层阶级的黑人之间的区别在于家庭结构，其中最为关键的社会学事实在于有没有非婚生的孩子，那是"迄今为止导致生活陷入贫民窟的不幸之中最为普遍的原因"。阻碍向上层阶级攀升的原因是"人类学的，而非经济学的"。

奥莱塔和莱曼都认可行为主义对贫困的解释——那种听起来很高尚，实际上却没法说得清文化起因的解释。莱曼没有如同丹尼尔·帕特里克·莫伊尼汉（Daniel Patrick Moynihan）在20年前所做的那样去仔细寻找黑人家庭在奴隶制影响下解体的原因，我们之后会讨论到这一点。莱曼认为是之后的佃农时代的缘故。不过他的观念确实与莫伊尼汉一脉相传。破坏性的文化会一直持续下去，不受经济和技术变化的影响。而生活在这种亚文化中的穷人们在回报变得更加丰厚的经济生活中也无法理智地参与其中。一位历史学家写道："'底层阶级'立即变成了贫困话题中最为时髦的术语。"

中立偏左派的专栏作家皮特·哈米尔（Pete Hamill）也参与了讨论，他在1986年的《芝加哥论坛报》上发表文章称："底层阶级的成员没有传统的工作观、金钱观、教育观和家庭观，他们甚至对生活的想法也与其他人不同……（底层阶级的人）故意糟蹋任何想要解决他们问题的每一次尝试，无论简单还是复杂，只要有可能有用的办法他们都要抗拒，就是为了尽可能争取到比自己应得的更多的福利待遇以及其他好处，对社会以及政治的混乱造成了深远的影响。"[6]我们或许可以说，"福利依赖"已经成了当时最流行的讲法，甚至对有些左翼人士都是如此。

讽刺的是，就在同一个时期，政见完全不同的学者们却在对长期以来的经济数据进行实验研究的过程中发现，所谓福利依赖以及贫穷的亚文化根本就是错误的想法。奥康纳在总结这些学者们于 1980 年代早期的发现时写道："根据超过十年的数据分析，贫困和福利都是'暂时的'状态，一个更好的收入支撑体系就能改善这样的状态。这种观点被认为是贫困研究最为杰出的成果之一，不仅因为它是通过更完整、长期的数据得出的结果，而且因为它终于可以让那些坚持贫穷文化会代代相传的人闭嘴了。"[7]

自 20 世纪 70 年代开始，这些持不同政见的研究者们就更倾向于通过更普适的、以现金补助为主的方式来削减贫困，因为他们几乎找不到证据来证明福利依赖真的存在。这些研究者中有一位年轻人名叫格雷格·邓肯（Greg Duncan），他发现很少有穷人会长期身处贫困状态之中。[8]这些研究者们认为，那些宣称难以缓解的贫穷文化真实存在的人显然是错了。

但是即便第一流的研究者们，他们的想法也被文化主义以及行为主义的观点扭曲了。玛丽·乔·贝恩（Mary Jo Bane）和大卫·埃尔伍德（David Ellwood）都是哈佛大学肯尼迪学院的研究者，他们在 1983 年的研究中发现，对长期贫困的数据进行分析会得到不一样的结果，从时代环境着手也会有不一样的发现。只有很少一部分穷人一直都很穷，但他们造成了当时备受尼克松政府以及之后的里根政府指责的福利制度中绝大部分的开支。[9] 还有，短期陷入贫穷的人往往受过更好的教育，是白人，有已婚也有离异人士，但长期沦落贫困的穷人几乎都是从未结婚的单亲妈妈、高中就肄业而且是黑人。这些左派分析师们认为，期望通过对福利待遇附带工作要求来矫正黑人的行为和工作习惯应该能够切实有效地减少长期贫困现象。不过，玛丽·乔·贝恩认为在进行贫困分析时不应该太过关注贫困人群的家庭结构，尽管她对数据进行分析的结果基本上是能够支撑起单亲妈妈是贫困主因之一这个观点的。左派人士在1983年写道："婚姻对很多身处贫困家庭的人来说是一条摆脱贫困的重要出路，但非常令人意外的是，他们竟然把结婚摆在工作的前面。"埃尔伍德和贝恩总结说："不幸的是，这些研究结果同样预示着福利依赖确实有可能是个严重的问题。"

一位社会学家曾这样说道："'贫穷文化'之争的后果是灾难性的。这些争论带来了种种希望改善黑人处境的政策。与其他改革派得出的结论正相反，如果机会平等的话，那么无论表达方式怎么不同，所谓'贫穷文化'都意味着非裔美国人并不能充分利用这些机会。"[10]

行为，而非经济或者偏见，因而被视为问题所在。甚至很多改革派也认为都是贫穷文化的错，这才是造成和传播贫穷的主要原因。

因此，当里根总统在1986年提出要大规模革新福利制度时，有些中立的或者中立偏左翼的经济学家也表示了认可。埃尔伍德将自己提出的政策描述为"各个击破"。短期落入贫困的人群或许是因为情有可原的经济问题，那么就应该与长期流于贫苦的人群区分对待；长期贫穷的人需要胡萝卜——工作培训，也需要大棒——工作要求。奥康纳记录道，尽管民主党人们起初提到在对申领福利附加工作要求的同时应该大力增加工作机会，他们最终的决定还是更为保守——共和党在这个方面几乎没有让步。有些左派人士一度认同现金福利项目，认为获得福利不会导致受惠者大幅削减劳动量，但他们最终都改变了想法。他们更相信有了拨发现金的福利项目之后，成人的贫困率会维持在较高水平，而儿童也将会跟着受苦。

## 莫伊尼汉的作用

丹尼尔·帕特里克·莫伊尼汉推动了黑人文化的说法，[11] 契合美国人潜意识里期望为黑人的贫困找个文化解释的姿态。这位前哈佛大学教授当时是林登·约翰逊政府的劳工部副部长，他在1965年描写了黑人家庭"混乱的反常"。[12]这种说法真是挑拨是非。

看不见的孩子

其中的"反常"指的是"三个世纪的不公导致了美国黑人在生活中对制度有着根深蒂固的曲解"。[13] 而家庭破裂的后果则是由未婚妈妈作为家长的家庭数量不断增加。事实上，当莫伊尼汉撰写这份报告的时候，由女性作为家长的家庭比例才刚刚开始增长而已，成为一个在全美甚至欧洲跨越所有种族的普遍现象则是后来的事情。莫伊尼汉仿佛有了未卜先知的能力，但他认为单亲比例增加的原因在于家庭从奴隶制时期就开始解体，后来莱曼认为更大的可能是佃农时代遗风——两者其实都不大可能。

在 1965 年的报告中，莫伊尼汉讽刺地加入了一个章节，认为黑人男性没有工作以及酬劳很低是导致他们贫困的主要原因，也就是说问题在于制度以及经济，而非文化或者道德品质问题。很快，他就成了尼克松政府为穷人提供现金援助，尤其是为贫困儿童提供津贴的主要倡导者之一。1995 年，他是克林顿政府福利制度改革的主要批评者之一。

但这样的"制度化"原因却很少在他的报告所招致的争辩中被提及。他所说的反常无可避免地被认为包含了或许有心或者无意的种族主义想法，从中也能看到长期存在的个人主义偏见。简单来讲，对一个刚刚经历了伟大社会时期立法的国家而言，莫伊尼汉强调黑人家庭普遍怪异以及这些家庭似乎缺乏走上正常发展之路的方法，这种观点既令人震惊也夺人眼球。这种观点佐证了那些共和党人对贫困改革的批评。莫伊尼汉的一些分析来源于黑人社会学家 E. 富兰克林·弗雷泽（E. Franklin

Frazier），他可能是第一个提出黑人家庭的破裂由来已久，可以追溯至奴隶制造成的破坏的人，但是更重要的是，这个问题因为黑人男性缺乏经济机遇而变得更糟了。

不过莫伊尼汉的关注点在于黑人家庭据说非常不正常的家庭结构：母系结构，而父亲缺席。尽管他也提到了缺乏工作机会，但他更强调黑人的贫穷文化是最主要的原因。他认为公共政策应该被引导的方向是"强化黑人的家庭结构，使之能够与其他家庭一样抚养和支持自己的家庭成员"。[14] 这意味着一般来说一个家庭既需要有父亲也需要有母亲。

但是简单的事实就能反驳家庭破裂的理论。[15] 历史学家赫伯特·格特曼（Herbert Guttman）援引人口调查局的数据表明，在 1750 年到 1925 年期间，绝大多数黑人都已组建起了核心家庭。20 世纪的数据则显示了直到"二战"结束很久以前，黑人与白人的结婚率都差不多。根据人口调查局的数据，黑人女性的结婚率自 1890 年后就一直超过白人女性的结婚率，仅在 1970 年的人口普查中低于白人女性。

有人说，母系的家庭结构事实上是黑人生活的有益遗产，而不是道德崩坏的后果。大部分接受了莫伊尼汉观点的学者令人失望且过于消极。幸好学术界总有不随大流的人。社会学家赫伯特·甘斯（Herbert Gans）写道，母系家庭"并没有被证实是反常的"，[16] 对母系人际网络的研究表明这其实反倒让黑人家庭更加稳定。持不同政见的人类学家也一直争论说黑人中以女性为家长的家庭模式并不反常，而是有益的选择。但是"贫穷文化"仍是主流观点。这种观点看似激进的感染力在于让人能够心安理得地认为黑人的贫困并不是一个道德品质问题，而是历史——奴隶制——遗留下来的悲剧后果，造成了更少人走进婚姻，更多人离婚，更多的未婚妈妈和缺乏职业道德，更倾向于犯罪，以及不负责任的、无法给孩子树立起任何好榜样的黑人男性。接受这种观点的改革派会加入 20 世纪 80 年代到 90 年代间更为流行的保守潮流。

黑人女性的子女中有接近四分之三是非婚生的。[17] 年轻的、有孩子的黑人女性不得不成为一家之长，无论怎么解释，她们都很容易被当成攻击的对象。这个人群的数目太大了，以至于未婚生子就代表了黑人女性。反过来，大约有一半由无配偶的女性作为家长、有孩子的家庭生活在贫困之中。[18]

但正如我之前提到过的那样，从 20 世纪 60 年代开始，未婚妈妈们的比例在全美都上升了，很大程度上，这是由于文化改变以及女性因为工作而更加独立。未婚妈妈的比例在欧洲国家也上升得很快。对黑人女性而言，未婚生子的比例从 1990 年左右开始就不再继续上升，[19] 远早于 1996 年的福利制度改革。

"抚养未成年儿童家庭援助"（AFDC）是罗斯福时代福利项目的延续，在 20 世纪 60 年代曾大幅扩大了受惠范围，将单亲妈妈也囊括在内了。尤其是黑人女性此时大量地、集中地挤进了救济名单，因为 30 年代以来她们或者是在申请社会福利时受到种种限制，或者根本不知道有社会福利项目可以申请。如火如荼的社会福利权利运动促使她们申请全部可以获得的待遇，[20] 尽可能争取更多福利。福利开支越来越大，尤其在黑人身上花的钱越来越多，在那些保守的政策制定者们那儿落下了口实——罗纳德·里根总统那具有误导性的"福利蛆"（welfare queen）的比喻就格外突出。

食品券也是引发愤怒和误传的关键点。一项调查显示，食品券是 20 世纪 80 年代最不受欢迎的社会福利政策。[21] 参议员杰西·赫尔姆斯（Jesse Helms）一直对食品券表示不满，在他的帮助下，里根总统成功地将这项福利的额度下调了。但因为食品券确实能切实地帮助到贫困人群，这项福利才没有被取消，并在之后逐渐又提升了补助额度。如今，食品券已经成了没有工作的美国人唯一能够享受的社会福利了，即便如此，所谓"工作福利"也开始掺和进来了。在 1996 年福利制度改革之后，身体健全且没有抚养或赡养义务的成年人（able-bodied adults without dependents，ABAWDs）"假如不能满足一定的特别工作要求，则三年内只能申领 SNAP 三个月。此为可领取福利的时间限制。作为 ABAWDs 需要每月至少工作 80 小时，每月参与符合要求的教育或培训活动至少 80 小时，或参与一项工作福利项目，则可不受时间限制。所谓工作福利项目，指的是 ABAWDs 可以通过某项得到政府认可的特别项目参与**无偿**工作"。[22]

传统的福利制度在比尔·克林顿总统麾下发生了巨大的变化。在新福利体制下，"贫困家庭临时援助计划"（TANF）如今要求受惠者参加工作。因而，如今只剩下原本三分之一的人仍旧能够从 TANF 受惠。很多穷人甚至什么福利待遇也享受不到，或者只能勉强做一份朝不保夕、收入低下的活计。低收入家庭的儿童成了联邦政府缩减援助的最大受害者。如今除了医疗补助外，涉及儿童的社会福利项目只有三种，分别是"劳动所得税扣抵制"（EITC）、"儿童抵税金"（CTC）和 TANF，而这一92切都取决于父母是否能找到工作。有些共和党人甚至提出医疗补助也应该附带工作要求。


## 美国现行福利体制的失败：
## 最有需要的人却得不到帮助


致使贫困率无法下降的一个非常关键的原因就是 1996 年的福利制度改革，新实施的 TANF 与被其取而代之的"抚养未成年儿童家庭援助"（AFDC）相比，现金补助的力度大幅下降。如今的 TANF 对于最贫穷的人来说已经无足轻重，因为不但能够从中获得的补助额度大幅缩水，受惠者还必须满足工作要求，所以根本无法帮助家庭摆脱贫困。事实上，很多被迫工作的人仍旧很穷。

经济学家罗伯特·A. 莫菲特（Robert A. Moffitt）认为："一方面，AFDC 项目被 TANF 取代造成补助覆盖范围大幅缩水，意味着在 1983 年有 57% 的私人收入属于赤贫状态的单亲妈妈家庭能够领取福利补助，但到 2004 年就只剩下 20% 还能领得到了。"[23] 社会福利支出不再把钱留给单亲妈妈和她们的孩子，而是更多地分配给了有工作的已婚夫妇以及老人。

莫菲特还说："另一方面，在 20 世纪 80 年代后期到 90 年代初，由于 EITC 项目的覆盖面大幅扩大，有工作且年收入达到大约 10 000 美元的单亲妈妈家庭从中获得了可观的额外补贴。后来开始实行的 CTC 也为有工作的单亲妈妈家庭提供了更多补助，不过对那些收入水平较低的家庭则很少甚至完全没有用。最终造成的结果就是福利待遇的重新分配，最贫穷的单亲妈妈家庭原本能拿到的福利被分给了更高收入的家庭。"

自莫菲特发表这篇文章之后，CTC 每年的补助额度上调到了 2 000 美元。但他的主要观点仍旧成立。算上包括社会保险、医疗补助等穷人也能受惠的福利项目，莫菲特估计美国所有社会福利开支中有六成都发给了那些实际挣得的收入高过贫困线 200% 的人群。

总的来说，如今美国的社会福利项目与我们想象的已经完全不同了。严格的工作要求以及领取 TANF 有时间限制——最长五年——已经让很多原本的受惠者望而却步。积极寻找工作的要求劝退了很多申请人，因为找工作不仅有经济成本，更耗时

看不见的孩子

间。2015 年，TANF 的开销只占到联邦政府总开支的 0.54%，[24] 从 20 世纪 90 年代开始的反对现金福利运动就非常具有效果。2015 年领取 TANF 补助的家庭只占所有贫困家庭的 23%，[25] 在 TANF 刚刚开始实行的 1996 年，这个数字是 68%。在 14 个州里，只有 10% 甚至更低比例的家庭领取 TANF 补助。[26] 而能领取的福利即便是已经就通货膨胀有所调整，仍旧远低于 1996 年当 TANF 计划刚刚通过时能够领取的额度。而原本福利项目的补助额度，[27] 即大部分州的 AFDC 补助额度，也在 1970 年到 1996 年间下降了 40%。

目前的 TANF 项目由各个州自行管理，在所有提供这一社会福利的州中，补助上限都是不超过官方贫困线的 60%。[28] 有 34 个州规定福利待遇相当于官方贫困线的 30%，而有 18 个州甚至不到 20%。各个州还有各种办法让穷人们无法享受 TANF 福利。比如，2016 年，在密西西比州，每月的福利待遇最高仅为 160 美元。在相对慷慨的加利福尼亚州，每个月最高可以领取的福利待遇为 715 美元，但那也不过相当于当地贫困线的大约 40%。此外，所有据说满足工作要求就能获得的福利中，EITC 在促进女性就业方面更有作用，通过税收抵免而提高的收入就像胡萝卜，而 TANF 的工作要求就是大棒了，胡萝卜胜出。平均来说，一个符合标准的三口之家每月能够通过 TANF 领到 447 美元补助，[29] 但在 14 个州，三口之家每月能够领到的补助不足 300 美元。

对于那些无法就业的人而言，美国是个分外残酷的地方，他们的孩子也不得不跟着他们受苦。将 SNAP 和 TANF 福利加在一起就是那些找不到工作的父母们唯一的经常性收入了，[30] 这样一来，就只有在一个州（新罕布什尔州），家庭预算仍能达到官方贫困线的 75%。在大约 20 个州，两个福利项目的补助加在一起差不多等于贫困线的 50% 或更低一些，在还有 20 个州，补助也不超过贫困线的 60%。

对于贫穷起因的意识形态之战并不仅仅停留在抽象层面——真实的后果会发生在穷人身上，会影响政策的推行或终止，会对美国人对于谁应为贫困负责而产生影响。一项大规模的调查研究了美国媒体对贫困状况以及贫困与社会政策之间关系的报道，结论是确凿的：美国人"对穷人抱有一种负面的观点"。[31] 与之相反的是，在欧洲进行的调研则显示欧洲人更倾向于认为贫困是制度化问题，而非抱持着个人主义或者行为主义的观点。在多个可能导致贫困的原因中，有 70.1% 参与调研的法国人选择了"社会不公"。[32] 有 87.9% 参与调研的克罗地亚人也选择了这条原因。

"二战"后的美国除了这些越来越流行的趋势，当然也少不了反黑人的种族主义。我甚至可以说，种族主义是 20 世纪 90 年代福利制度改革的核心，种族主义也是这个国家无法将贫困率降到合理水平的主要原因之一。

CHAPTER

# 6

---

**第六章**

# 种族主义与贫困问题

　　如果不能正视在美国泛滥且深重的种族主义观念，那么我们就无法理解为什么儿童贫困问题那么棘手，以及很多美国人为什么会对涉及现金补助的福利项目持有那么负面的看法。种族主义加深了"我们"和"他们"之间的隔阂，而这就是美国历史上一直以文化主义以及个人主义观点看待致贫原因的核心所在。容我再重复一下艾丽斯·奥康纳笔下所写的：有些人争辩说是个体行为或者文化使得穷人一直贫穷，这样的人相信穷人和自己是完全不同的。

　　美国南方有合法蓄奴以及之后歧视有色人种的《吉姆·克劳法》，北方的非裔美国人也同时受到了虐待，这如今已成为美国广为人知且被公开谴责的一段历史。但就在人权立法取得阶段性胜利的20世纪60年代之后，种族主义观念又一次在80年代和90年代的福利制度改革之争中抬头，近年来警方针对黑人的暴力执法也蒙上了种族主义的阴影。

# 看不见的黑人

与后来的大萧条时期相比，19 世纪晚期美国的贫困问题有不一样的特性。农民和移民纷纷涌入大城市，在建造业以及相关领域找工作。尽管时不时有人失业，但问题并不在此，而在于这些在新兴的、批量生产方式运作的行业中工作的员工能够挣得的薪酬太低，有时候甚至低到连让他们填饱肚子都不够，这导致很多人住在卫生条件不佳的贫民窟里。（当时美国的平均工资仍略高于旧世界。）

然而在 19 世纪末和 20 世纪初，激进派以及社会改革家们将主要的注意力投向了白人而非黑人的贫困现象。德国、瑞典、意大利、波兰、爱尔兰以及许多其他欧洲国家的移民来到美国。从法律上说，他们都被分类为"白人"，但欧洲移民们仍旧因为文化、种族、宗教信仰等差异而遭到歧视，比如当时的罗马天主教徒、犹太教徒，还有来自其他国家的贫民都被视为想要"入侵"美国。爱尔兰人被说"像猴子似的"，当时的杂志上甚至画着"额头歪斜和容貌丑陋的凯尔特猿人"，[1] 这都是说明歧视的生动例子。

在大萧条时期，贫困席卷美国的城市和乡村，无论白人还是黑人都难以逃脱。失业率一度上升到全美人口的 30% 以上。

正如哈灵顿写的那样，贫困是当时那个年代"压倒性的社会体验"。如果用今天的贫困线测度，算上通货膨胀的调整，当时的美国有大约一半到三分之二的人口处在贫困之中。

多罗西娅·兰格（Dorothea Lange）镜头下在干旱平原挣扎的贫穷**白人**农民成为广为流传的、反映 20 世纪 30 年代贫困生活的形象。[2] 约翰·斯坦贝克（John Steinbeck）发表于 1939 年的《愤怒的葡萄》（*The Grapes of Wrath*）让人为之着迷，书中描写了迫于饥饿而从俄克拉荷马州、阿肯色州，以及堪萨斯州、密苏里州和其他地方出走去寻找更好生活的家庭。当他们来到大城市，所看到的却满是讽刺和萧瑟的画面——在卖苹果的白人。兰格也曾拍过住在旧金山临时栖所里的白人贫民。

但当时的媒体也好，社会改革家以及政策制定者们也罢，几乎没有人关心过黑人贫民，尽管他们中的大多数自从奴隶制中解放后就一直生活在贫困之中。（在联邦政府的数据记录中甚至都没有拉丁裔美国人这个类别。）兰格的照片中只有少数几张拍到了大萧条时期美国乡村的黑人工人。当讨论 20 世纪 30 年代的贫困问题时，艾萨克·马克斯·鲁比诺（Isaac Max Rubinow）撰写的、长达 638 页的《寻求保障》（*The Quest for Security*）经常被引用，书中也仅有一处提到了黑人的贫困问题："曾有人预言说黑人将从美国消失，因为他们的死亡率太高了，不过在过去的 20 年里，黑人的经济状况和受教育状况都得到提升，黑人的死亡率已在下降。"[3]

## 看得见的黑人

　　20世纪四五十年代，黑人纷纷迁徙到美国北部，寻找制造业或者其他好工作，但是大城市里的黑人人口数量已经极大，贫穷问题却没有发生很大的变化。不过在50年代，黑人开始抗争，争取更多的人权。1954年高等法院对"布朗诉教育局案"（*Brown v. Board of Education*）做出判决，要求堪萨斯州托皮卡的公立学校停止实行种族隔离，这是一场反抗制度偏见的重要胜利。仍有人螳臂当车。阿肯色州州长奥瓦尔·福伯斯（Orval Faubus）就因为阻挠九位黑人学生进入小石城的一所公立学校而上了新闻头条。共和党总统艾森豪威尔甚至派出军队维持学校秩序。

　　1955年亚拉巴马州的蒙哥马利市，长期关注人权问题的活动家罗莎·帕克斯（Rosa Parks）拒绝坐在公交车的黑人专区里，引发了在当地和其他城市黑人们拒乘公交车的运动。（在她之前也有人曾这样做过。）小马丁·路德·金（Martin Luther King Jr.）也是该运动的早期组织者之一。1962年，也就是哈灵顿的《另一个美国》问世那一年，黑人学生詹姆斯·梅雷迪斯（James Meredith）被全是白人的密西西比大学录取，吸引了媒体的关注。1963年，金组织了为黑人争取人权和工作权的华盛顿大游

99

行。约翰逊总统在1964年颁布了《民权法案》，1965年通过了《投票权法案》，1968年又通过了《公平住房法案》，这对联邦政府而言是一个转折点——约翰逊总统知道当他签署这些法案的时候，他就会失去南方民主党的支持。但肯尼迪总统和约翰逊总统仍相继签发了执行《平权法案》的行政命令，[4]其中肯尼迪是1961年签发的，不过民众的反应相对较为冷淡。

1964年，黑人暴乱首先在哈勒姆和纽瓦克爆发，暴乱之火之后蔓延到了洛杉矶的瓦茨，又延伸到底特律以及其他一些主要城市。政策分析师理查德·卡伦伯格（Richard Kahlenberg）记录道："1966年，全美发生了43次种族暴乱；1967年发生了164次暴乱，导致83人死亡。"[5]与此同时，大城市的犯罪率不断上升，新的政治分歧不断涌现。1970年，评论家理查德·斯卡蒙（Richard Scammon）和本·瓦滕伯格（Ben Wattenberg）写道："几十年来，美国人基本都以自身的财产权益为准投票。就在20世纪60年代后期，突然之间，'犯罪''种族''目无法纪'以及'民权'变成了整个美国最重要的议题。"[6]

金之前也曾组织过涉及经济权益的抵制运动，但他在1968年发起的"穷人运动"（Poor People's Campaign）严肃地提出要争取经济平等，[7]为所有美国穷人发声，其中包括黑人。金组织了一群人在林肯纪念堂和华盛顿纪念碑之间支起帐篷，以此作为临时驻地。这场运动的目的是呼吁保障最低收入，提供住房补助以及承诺制定充分的就业政策。但金在1968年春季被暗杀，整个示威运动就此瓦解。

曾亲眼见证了深南地区饥饿问题被解决的罗伯特·肯尼迪也在金逝世不久之后遇害。当时的民主党内部也在就越南战争和扶贫项目争论不休，1968 年夏天芝加哥民主党党代表大会上的警察暴乱更是由电视播放出去，震惊了整个国家。一些年轻黑人男女成为"黑人力量"（Black Power）的象征，他们期望能在白人主宰的美国获得认同。

黑人不断地表达自己的诉求，有些通过金倡导的非暴力方式，有些则通过更具破坏性的暴乱形式（其实有很多人也因为金的非暴力游行感到压力），很多原本为民主党投票的工人阶级转而将票投给了共和党。来自亚拉巴马州的乔治·华莱士（George Wallace）仍强烈地拥护种族隔离，他在 1968 年竞选总统时就获得了北方白人工人阶级的支持。在理查德·尼克松当年竞选时的所谓南方战略中，犯罪是一个重要的主题，其实也是为了将原本支持民主党的工人阶级拉到共和党这一边来。南方战略的一位撰写者凯文·菲利普斯（Kevin Phillips）曾写道："跑去支持民主党的南方黑人越多，原本支持民主党的恐黑白人就会越快跑来投靠我们共和党。"[8]

在这一时期，贫困率有了大幅下降，之后就僵持住了。随着越来越多的黑人在美国"被看见"了，保守派便振振有词地论证说"向贫困宣战"已经失败了。但我们知道事实并非如此。在 20 世纪 60 年代，领取福利补助的黑人越来越多，引起了白人的愤怒。福利制度激发出了在整个美国蛰伏已久的个人主义和种族主义态度。

## 对"谁才是穷人"的误解

在全美所有的贫困人群中，从种族方面看，黑人并不是最多的。但你会发现，有研究显示绝大多数的美国人都会这样以为。美国有1 690万贫穷的白人，几乎是贫困黑人数量的两倍，也比贫穷的拉丁裔多六成。也就是说，42%的穷人是白人，29%是拉丁裔美国人，只有23%是黑人。[9]不过与白人相比，有色人种的贫困状况要更为严重。

从比例上看，有大约三分之一的黑人儿童、大约四分之一的拉丁裔儿童，以及大约十分之一的白人儿童身处贫困之中。[10] 但是从数量上看，白人贫困儿童的数量超过了400万，黑人贫困儿童只有大约300万。贫穷的拉丁裔儿童有超过450万，因为拉丁裔家庭普遍有更多的孩子。

所有儿童中，有8%生活在家庭收入不足官方贫困线一半的家庭中，[11]也就是处于赤贫状态。这些孩子中有大约210万还不足5岁。[12]有大约15%的黑人儿童和10%的拉丁裔儿童生活在赤贫之中。[13]

相比黑人和拉丁裔，白人能够从政府特别为低收入人群拨

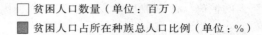

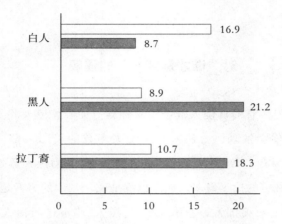

资料来源: Jessica L. Semega, Kayla R. Fontenot, and Melissa A. Kollar, *Income and Poverty in the United States: 2017* (Washington, DC: United States Census Bureau, 2018), 12。

**图1 贫困人口数量及其占所在种族总人口比例**

发的补贴中得到更多好处，甚至把拨给黑人和拉丁裔这两个有色人群的福利加起来，也比不过白人所得到的。2010年，白人占全美总人口的64%，[14] 但他们得到了69%的社会福利。拉丁裔只能得到政府所有补助中的12%，但全美有16%的人口是拉丁裔。这里所说的社会福利包括社会保险、医疗保险、医疗补助、食品券、TANF、住房补贴以及主要的税收抵免，如EITC和CTC等。

　　　　　　　　　　　　　看不见的孩子

不过反过来，假如削减福利待遇，那么对白人的影响将比对其他有色人种更大——似乎广大选民们还没有意识到这一事实。

## 福利依赖

有调查显示，美国人有一个明显的种族偏见以及种族主义表现，那就是误以为生活在官方贫困线下的黑人人数比实际要多得多。有一项调查曾询问受访者："全美所有穷人中，你觉得有更多黑人还是更多白人？"[15]20 世纪 90 年代正是削减福利待遇的呼声最为高涨的时候，当时回答这个问题的美国人中有55% 回答说是"黑人"，有 24% 说是"白人"。当被问到"你认为全美国所有穷人中，黑人所占的百分比是多少"时，比较典型的回答是（中位数）50%。而实际上，黑人贫困人群的比例只有 50% 的一半左右。

罗纳德·里根总统在 20 世纪七八十年代的种族迫害行为产生了沉重的影响。在他本人，以及很多其他人看来，福利并不是消除贫困的方法，而是导致贫困的起因。贫困会助长懒惰，产生依赖性。里根那个"福利蛆"的故事是非常恶劣的。那是1976 年里根第一次参加总统竞选的时候，他引用了一个黑人女性的例子，说她是一个"福利蛆"——这个人真实存在，只不过里根过分夸大了她的罪行，而且他所谓的"调查依据"其实是那些不入流的小报报道。

按里根的话说："她有 80 个名字，30 个地址，12 张社保卡，而且领着 4 份并不存在的已故丈夫的老兵津贴。"[16] 他还没说完，"她通过那些卡领取社保补贴，还有医疗补助，还有食品券，每一个名字都领上一份。最终，她仅是不用交税的现金收入就达到了 15 万美元。"

这个黑人女性的名字是琳达·泰勒（Linda Taylor）。她确实领取了超过法律允许的社会福利补助，但具体情况和里根于 1976 年在新罕布什尔州的初选阶段所反复宣称的并不一样。这位女性并没有 12 张社保卡，她有 4 张。政府发现她领取的福利达到了 8 000 美元，而里根所说的是这个数字的 20 倍之多。要知道，当时美国普通家庭收入中位数是 12 960 美元。

里根在地方集会以及公开讲话中还提到过另一个例子：在纽约的哈勒姆有一个为低收入人群建造的住房项目，那里的房子自带游泳池和健身房，公寓的天花板有 3.35 米高，每月租金只有 113 美元。实际情况是，这些公寓中只有 15% 有那么高的屋顶，[17] 而且每月租金是 450 美元——当地就没有一套平价公寓的租金低于 300 美元一个月的。游泳池其实是社区公用的，也就是说，住在这个街区的 20 万甚至更多黑人、波多黎各人、其他移民共用这一个游泳池。

里根还宣称他做州长的时候，被他从加州社会福利领取名单上剔除的人有实际情况的两倍那么多。他经常成倍地夸大联邦政府的福利开支——比如在提到规模很小的"抚养未成年儿童家庭援助"（AFDC）时，他会将社保以及医疗保险那些巨大得多的开支都算在里面。20 世纪 80 年代，AFDC 的开销实际只占年度 GDP 的 0.6%。就算加上食品券，两个项目的总预算也只有 GDP 的大约 1%。

对于"向贫困宣战"，里根否认这个项目有任何益处。他非常著名的论调，也是他在 1988 年国情咨文演讲时反复提到的，就是"联邦政府确实向贫困宣战了，但贫困赢了"。这种想法怎么会在 80 年代成了人们的"共识"呢？

保守派的学者和记者们在"向贫困宣战"之后，仍旧刻薄地、不负责任地将贫困归因于行为。第一本著名的畅销书就是乔治·吉尔德的（George Gilder）的《财富与贫困》（*Wealth and Poverty*）。这本意识形态"巨著"描写了供给侧经济的好处，[18] 发表于 1981 年，刚好是罗纳德·里根当上总统的时候。

吉尔德认为自由市场若能不受阻碍地发展，就将制造出大范围的繁荣。就算低税收会造成联邦预算严重赤字——在里根任期内确实如此（唐纳德·特朗普总统任期内也是如此），快速的经济发展也很快会把它们消除的。扭曲的福利制度打破了市场的纯粹性，也阻碍了市场的发展。据他说，花在福利上的钱全是浪费，对生产力没有一点儿帮助，完全就是累赘和损失而已。提供了"新政"后期以及战后经济秩序制定基础的经济学家约翰·梅纳德·凯恩斯（John Maynard Keynes）会说，正相反，福利政策有利于增加对商品和服务的需求总量，从而带来更多发展。

反福利理论的拥护者们则普遍认为有福利可领会导致对福利补助的需求更大，因为领福利的人会减少工作，变得依赖补助。他们认为假如没有福利项目了，贫困就会减少。吉尔德的书中根本没有任何数据以支撑他的观点，但这一点儿也没有影响到这本书受欢迎的程度，甚至毋宁说，他的书因此变得更出风头了。

还有一本畅销书的影响力更大，就是政治学家和极端保守的种族主义理论学家查尔斯·默里（Charles Murray）的《迷失之地》（*Losing Ground*）。[19] 这本书发表于 1984 年，里面满是数据。书的主题是福利补助，尤其是 AFDC 以及食品券，导致的后果包括越来越长的补助申领名单，越来越高比例的黑人家庭以女性为家长以及未成年妈妈，还有其他一些被视为行为弊病的问题。在 70 年代和 80 年代初，这种福利依赖的观点因为可支撑的依据太少——长期领取福利补助的人实在太少了——而被认真谨慎的数据分析师们所摒弃，但到了 80 年代中后期以及 90 年代，福利依赖突然成了崭新的"真相"，完美契合着美国人对于贫困和黑人的一贯态度。

107 　　默里书中的一大堆数据误导了很多读者。举一个例子：书中断言，福利补贴以及食品券的额度越来越高，使得不工作变

　　　　　　　　　　　　　　　　　　　　　　　　　**看不见的孩子**

得可能了——默里想要表达的是补助和食品券加起来的价值已经超过了很多工作的人能得到的薪水。他没有计算进去的是，政府福利从 1972 年起根据通货膨胀调整后（就从这一年起，接下来的十年里通货膨胀加速很快），[20] 实际的价值已经大幅下降了。这些福利项目由各个州自行负责运行，但它们并没有随着物价的飞速上升而提高补助额度。因为工资会跟着通货膨胀上涨，所以当时工作的人能够得到的薪水绝对比福利补助要多，在默里看来，这意味着穷人应该去找份工作就好了。

默里这样的学者所做的判定，加上他们背后那些为学者们和分析师们慷慨撒钱的右翼基金会及捐款者们的大力支持，就是导致美国扶贫政策那么匮乏的主要原因之一。一场激烈的斗争即将彻底改变一切。

## 使种族主义成为可能的福利制度改革

1994 年，默里携手心理学家理查德·赫恩斯坦（Richard Herrnstein）发表了新书《钟形曲线》（*The Bell Curve*）。同为畅销书，这本大作中令人最为印象深刻的言论莫过于黑人天生智商较低。[21] 与之前一样，这也是在愚弄读者。学者们根本就不采信这种观点。

就默里与赫恩斯坦误导性的逻辑举个例子吧：黑人的智商

与白人的相比会更低一些，很多学者会因而去调查他们是否受教育情况不佳、儿童时期是否处在贫困之中、未受过教育的父母是否造成影响、提问的方式是否有偏向性、实验方式是否有问题，等等。但这两位作者想要说明低智商是遗传的结果。他们的逻辑里有一环是这样的：非裔美国人的智商在几十年里有所上升，那是因为他们与白人通婚。而"证据"就是生活在非洲的黑人，因为与白人通婚的情况极少，因而智商要比在美国的黑人更低。统计学家指出想要精准测量非洲人的智商是不可能的，两位作者的论断根本站不住脚。但持异议者即便留下了"收集非洲黑人平均智商数据的难度比想象中更高"[22] 这样的文字，他们也完全没能让默里和赫恩斯坦的脚步停滞哪怕一会儿。

2000 年，默里写道，无法想象一位政治家会承认有很大一部分穷人之所以穷，是因为他们与生俱来的懒惰。默里接着表示："你根本想象不到吧，因为这种事是没法说出来的。但这种根本无法想象的状态其实会在我们完全破解了基因的秘密之后告诉我们，那些生活在美国贫困线之下的人们的基因构造与那些生活在贫困线之上的人们的是完全不同的。这是不难想象的。这差不多就是事情的真相。"[23]

只不过，这根本不是什么真相，到今天也没有任何依据。默里和赫恩斯坦虽然摆出一副很有教养的姿态，其实他们并没有做出什么独创性的研究，那些数字也是借用其他右翼学者的，只不过多多引用罢了。但他们成功地用靠不住的数据支撑了流

109

传已久的种族主义偏见。《钟形曲线》在 20 世纪 90 年代福利制度改革的争议中被反复引用，书中坚定的种族主义理念掩盖了金里奇（Gingrich）和克林顿对社会福利项目看似理智的攻击。但在美国确有高层人士为默里和赫恩斯坦的书声援。小切斯特·E. 芬恩（Chester E. Finn Jr.）之前是里根政府的教育部部长助理，他就曾表示："哪怕这本书里只有一半甚至四分之一经得住考验，这本书对即将开始的新世纪也仍将有莫大的意义，就如同迈克尔·哈灵顿的《另一个美国》对旧时代最后那些年同样重要。"[24]

## 衡量种族主义

1999 年，政治学家马丁·吉伦斯（Martin Gilens）发表了著作《为什么美国人厌恶福利》（*Why Americans Hate Welfare*），书中收录了他这些年来对白人和黑人进行的种族主义态度研究。通过分析收集到的大量观点，吉伦斯认为美国人对很多社会性的项目是支持的，比如工作培训、EITC 等，但对于福利补助，即不附带什么条件的现金补贴，他们的总体态度是反对的。很多人甚至很坚定地反对食品券——联邦政策因而产生了变化：比如 1977 年就向一些食品券的申领者提出了找工作的要求。尽管领取 AFDC 补助的家庭所占比例在 1975 年与十年前相比增长了三倍，[25] 联邦政府对这个项目的总支出在 1996 年进行福利制度改革前已经降到了仅占 GDP 的一个百分点。在 90 年代中期，个人平均每个月能够领到的食品券不过大约 70 美元。[26]

这些事实并没有缓和美国人的对立情绪。吉伦斯的报告中提到，在 20 世纪 90 年代，有 60% 到 70% 的受访者认为美国在社会福利方面花的钱太多了，[27] 有 43% 的受访者认为在食品券上的开销应该缩减。回想起保守派当年的辉煌，共和党最近提出要为食品券附带更多工作要求。

吉伦斯的调查结果显示出强烈的歧视黑人的迹象。他是这样总结的："我发现，或者直接地或者通过刻意塑造怎样的人才值得帮助的看法，种族主义姿态会对反社会福利造成深远的影响。白人对贫困和福利的态度是由他们对黑人想当然的印象所主导的。"[28]

## 贫穷的面孔

最终，在 20 世纪 60 年代，在种族主义思想的影响下，因为长期存在的、对贫困的歧视，美国的穷人被塑造成黑人的形象。吉伦斯认为这种对黑人穷人数量的极端高估主要来源于当时印刷媒体和电视媒体中对黑人的集中报道。他分析了之前 45 年间在包括《时代周刊》《新闻周刊》和《美国新闻与世界报

111

道》等杂志以及电视新闻中对于贫困问题的报道。[29] 60 年代里，之前一直被视而不见的贫穷黑人突然成了主流媒体竞相关注的焦点。[30]

这个趋势与当时种族动乱，甚至发生大范围暴乱的背景不谋而合。但随着城市里的动乱逐渐平息，美国人的注意力转向越南、"水门事件"以及 70 年代的经济问题，种族主义的镜头仍旧对准了贫困黑人，并没有回归到之前 50 年代以及 60 年代早期那样关注贫困白人的角度。黑人出现在新闻媒体上的频率随经济状况而有所起伏，但仍旧是贫穷的典型形象。

吉伦斯发现，在 1972 年和 1973 年，有大量贫困黑人的特写故事被刊登报道出来，当时能够领取福利补助的人数增加，与此同时经济发展势头强劲，较少白人受到贫困威胁。但吉伦斯表示，当经济状况下行时，比如在 1974 年到 1975 年间以及 1982 年到 1983 年间，更多的白人可能会陷入贫困，报道中的贫困白人面孔也会略略多上一些。[31]

总的来说，在吉伦斯检阅过的所有 1967 年到 1992 年关于贫困问题的媒体报道中，有 57% 以黑人为主人公，[32] 这个数字两倍于当时贫困黑人在总人口数中的实际比例。在 1972 年到 1973 年间，领取福利补助的总人数快速增加时，有 70% 关于贫困的报道以黑人为主人公。

媒体的报道究竟有多大影响力？这样的研究比比皆是。在一次实验里，研究者向白人参与者展示了两条有关失业人口的电视新闻报道。其中一条报道中，失业的是个黑人，另一条报道中，失业的人是白人。看完白人失业者的报道之后，有 71% 的受访者认为失业成了全美最重大的三个问题之一。[33] 但看过黑人失业者的报道之后，只有 53% 的受访者有类似想法。

有太多白人认为黑人工作不够努力，因而根本不值得去帮助他们，况且黑人根本不会好好利用无条件给予的现金补助。一项研究显示，所有受访者中，认同"大部分领取福利的人都是黑人"的有 55%，在这群人中，"有 63% 的人表示穷人之所以会领取补助是因为'他们自身不够努力'，只有 26% 认为原因是'超出他们掌控的客观环境'。但在那些了解大部分领补助的其实是白人的受访者中，有 50% 认为责任在于客观环境，只有 40% 觉得问题所在是缺乏努力"。[34]

有些分析家提出，一旦改革福利制度并附带工作要求，人们的愤怒就会平息，美国人对于领取福利的人以及黑人的歧视总的来说都会减少。这些分析家经常援引的一个例子就是 1997 年通过的、为家庭收入刚过贫困线的穷孩子提供保险的"儿童健康保险项目"（CHIP）。但这项由参议员泰德·肯尼迪以及奥林·哈奇主导的法令并不是轻易就被通过的，正相反，这是一场令人瞩目的、难得的、艰苦的、获得了两党支持的胜利。

学者巴斯·冯·多恩（Bas von Doorn）跟进了马丁·吉伦斯的研究成果，[35] 他收集了从 1990 年代福利制度改革后直到

2015 年的数据以验证福利制度改革是否真的平息了白人的对立
情绪。进入 21 世纪之后，相比 1990 年代高到异乎寻常的程度，
对福利以及食品券的厌恶确实降低了，但也就是退回到了大约
80 年代里根总统任期内、吉尔德和默里不停煽风点火制造种族
仇恨的程度。冯·多恩还发现，黑人形象在媒体对贫困问题进
行报道时仍旧更经常被提及。

平权行动在肯尼迪时期就象征性地开始了，在约翰逊年代
有几分认真地进行过，在大多数美国人心目中，这是一份给予，
目的是弥补历史过错。但涉及黑人的平权运动——或者更有争
议的是否应该因为奴隶制而进行金钱赔偿的问题——其目的不
应该是让当代的黑人们因为祖先受过苦而得到金钱上的收获，
也不是为了奴隶制或者种族主义而惩罚白人。所谓平权，应该
对当代仍旧存在的、有着种族主义背景的政策及其影响进行
补救。

美国固有的生活方式本就合法地剥夺了很多黑人出人头地的
机会。理查德·罗斯坦（Richard Rothstein）在他的 2017 年令人
大开眼界的巨著《法律的颜色》（*The Color of Law*）中总结道，[36]
自战后重建以来，政府的政策给黑人国民创制的是一个不公平
的环境。1877 年之后，联邦部队不再保护南方被解放的黑人奴
隶，这些黑人于是被州政府夺去了选举权，很快又被以佃农的
身份送去之前被奴役的土地上。《吉姆·克劳法》在接下来的一

个世纪里强制将黑人与白人在包括学校在内的所有公共场所隔绝开来。

历史学家和政治学家艾拉·卡茨尼尔森（Ira Katznelson）在他被奉为经典的著作《当平权行动只惠及白人》（*When Affirmative Action Was White*）[37] 中记录了如何有意限制黑人享受包括社保在内的罗斯福新政福利。黑人还被剥夺了享受《退伍军人权利法案》全部补助的机会，这笔钱原本是很慷慨的。罗斯坦还描述了联邦政府和州政府在极大程度上拒绝为黑人的贷款提供补助。政府没有阻止房地产开发商在建造住宅时实行种族隔离，也没有阻止私人银行的种族经济歧视行为。莱维顿这个长岛最先驱的郊区，禁止出售房屋给黑人，其他一些社区也是如此。我上的是莱维顿的公立学校，但在进大学之前我从没结交过一个黑人。

在经济歧视和发生在郊区的种族隔离背景下，黑人无法从20世纪60年代开始的房地产繁荣中获利，白人们在这一波经济发展中赚得的纯利为他们的未来打下了基础。黑人学校直到今天都和白人学校隔离，而且基本上都没什么资金帮扶，因而贫困现象在黑人街区中越来越集中。30年间，低收入的美国人能够实际到手的工资越来越低了，[38] 这才是导致贫困问题——尤其是黑人贫困问题——的关键。

看不见的孩子

CHAPTER

# 7

———

**第七章**

# 苦难与贫穷

在美国，贫困问题被错误估算其实是刻意为之。政府的专家是知道实际情况的。备受尊敬的社保分析专家登顿·沃恩（Denton Vaughan）就曾说过："更新贫困测度数据将会改变我们对贫困人口规模的看法，从而影响到我们对以脱贫作为目标的政策将需要消耗国家多少资源的认识。由于在贫困问题方面争论不休的两个阵营里都有不少大人物，所以对贫困问题的政治敏感显然会导致很难去修改目前正在使用的贫困测度方式。"[1]

要怎样才能让这个国家公平地测度贫困呢？

目前的贫困测度方式，无论"官方贫困测度"（OPM）还是"补充性贫困测度"（SPM），都存在各种各样的问题。比如说，简单只凭收入划定一条贫困线是不够的，因为这不能告诉我们那些家庭收入远低于这条线的孩子们究竟过得怎样。即便我们能够更加准确地测度贫困，我们也需要去了解绝大部分贫困儿童所在家庭的收入究竟落到贫困线以下多低的地方。美国人口调查局会定期公布生活在赤贫状态的儿童数量，但这能给到我们的信息其实很少。2017 年，根据 OPM 的算法，有 8% 的儿童，即约有 600 万人，生活在收入不及贫困线一半的家庭中。[2]

使用 SPM 算法时，税收抵免和例如"补充营养援助计划"（SNAP）、学校免费午餐、住房补贴等福利补助收入会使得一些非常贫穷的儿童脱离赤贫状态，但他们仍旧生活在贫困线下，仍旧处于非常不利的地位。按 SPM 的统计，只有 4.8% 的儿童身处赤贫状态，[3]这个结果让很多人拍手叫好，却没有去好好想一想，在贫困的标准放得如此之低的前提下，仍有那么多孩子生活在贫困之中。

此前，我们已经举过很多例子说明儿童如何在贫困生活中挣扎。现在我们要更加彻底地调查贫困儿童究竟要经历多少骇人的苦难，以展现贫困生活的全貌。

## 贫困差距

贫困差距是个有用的测量指标，指选择处于所有贫困儿童中位数——即最为典型的——贫儿的家庭收入作为标记对象，与整个国家的贫困线做比较。作为致力于提高儿童福利待遇的联合国机构，联合国儿童基金会（UNICEF）就对中位家庭收入以相对贫困测度的方式进行估算，以此比较各国儿童贫困状况。2012 年，联合国儿童基金会的报告中，美国的典型(中位数)贫困儿童家庭的平均年收入就比贫困线低 37.5%。[4]在法国，一

117

个典型贫困儿童家庭的收入仅比贫困线低15%。在芬兰，典型贫困儿童的家庭收入也仅比贫困线低11%。显然，与其他发达国家相比，有更大比例的美国贫困儿童所在家庭的年收入远低于贫困线。假如贫困线指的是能够勉强维持生计而已，那么还有更多儿童根本就是一无所有。

2016年，若不算上SNAP，那么大概有150万家庭的成员每天仅靠2美元生活。[5] 有学者争论说应该算上SNAP的补助，这样就能把贫困人群的数量压到很低了。争辩双方纠结于技术问题，但SNAP并不等同于现金补助，而且正如之前提到的那样，这些家庭中的绝大多数仍旧生活在赤贫之中。在不算入SNAP补助的数据中，有差不多一半每天生活费仅2美元的是白人，有三分之一这样的家庭是双亲家庭。

联邦政府面对今日这样的危机又给出了什么解决方法呢？特朗普的经济学家们想要参照"贫困家庭临时援助计划"（TANF），给医疗补助和SNAP都附带上工作要求，理由是有太多人逃避工作。事实上，那些建立在工作要求基础上的福利项目反倒加重了贫困。政策分析专家阿洛克·舍曼（Arloc Sherman）和达尼洛·特里西（Danilo Trisi）明确指出在TANF被通过之后，生活在赤贫状态——家庭收入低于贫困线一半——的儿童数量增加了。舍曼和特里西写道："假如2005年，我们的社会安全网还能如1995年那样有效地防止家庭坠入赤贫状态，那么2005年家庭收入低于贫困线的儿童数量应该是120

万，但实际数字是 220 万（基于调整后的贫困率估算）。"[6]

1995 年，拨发现金的社会福利项目"抚养未成年儿童家庭援助"（AFDC）让 61% 的儿童脱离了赤贫。十年之后，TANF 仅能帮助 22% 的儿童逃离深渊。1996 年的福利制度改革还削减了 SNAP 的福利额度（2002 年的政策修订更让大部分合法移民被排除在领取名单之外[7]），1995 年有 62% 的贫困儿童脱离了赤贫状态，2005 年这个数字仅有 42%。

有研究显示，即便家庭收入高过贫困线，这些家庭仍旧受到贫困带来的点滴影响。这些研究中有一项发现，即便两倍于政府贫困线的家庭收入仍会给孩子未来的薪资收入造成严重的负面影响。随着家庭收入增加，影响会逐渐降低。

假如一个四口之家的收入大约是 75 000 美元一年，这个家庭的孩子长大成人之后的收入会有提升。正如我之前说过的那样，我心目中理想的贫困线应该能够起到划分作用，生活在线上就表示孩子不会受苦，或者反过来说，生活在线下意味着孩子会受到伤害。

有很多证据显示即便是生活在贫困线**以上很多**的孩子也会受到很多伤害，这是最能说明问题的。一项针对纽约有孩子的家庭进行的研究尤其令人担忧，[8]也进一步论证了我们真的需要一条更高一些的贫困线。这项研究告诉我们，收入远低于贫困线的家庭都被迫承受着物质条件的艰辛，比如付不起公用事业费、不一定有东西吃、居无定所、有医疗问题等等。差不多四分之三低收入的纽约人其实都能挣到两倍于贫困线的钱，[9]但他们在 2011 年都经历过上面提及的艰苦中的至少一条。

表 1　从儿童时期预测其他家庭收入明细下成年人的家庭总收入与需求比

| 儿童时期的收入—需求比 | 对成年后收入的影响 |
| --- | --- |
| 低于贫困线 0.5 | −.728* |
| 0.5—1.0 | −.495* |
| 1.0—1.5 | −.342* |
| 1.5—2.0 | −.181* |
| 2.0—2.5 | −.066 |
| 2.5—3.0 | （此类别省略） |
| 3.0—4.0 | +.072 |
| 4.0—5.0 | +.081 |
| 5.0 以上 | +.136 |

资料来源："TABLE 15.3/Childhood Predictors of Adults' Log Total Family Income-to-Needs Ratio under Alternative Family Income Specifications, Full Sample", Mary Corcoran and Terry Adams, "Race, Sex, and the Intergenerational Transmission of Poverty", in George J. Duncan and Jeanne Brooks-Gunn, eds., *Consequences of Growing Up Poor* (New York: Russell Sage Foundation, 1999), 472。

## 物质剥夺

一些有名的学者曾拒绝承认贫困和物质剥夺之间存在关联，[10]

他们认为贫困只不过是幸福感下降的一个"指征"而已，但如今他们中的绝大多数已经认可了这种关联。贫困本身就是所有这些艰难困苦的标志。

21世纪初，一群学者曾就经济合作与发展组织（OECD）成员国中高度发达国家的家庭会承受怎样的物质剥夺进行调研，[11]其中就包括美国。参与调研的人会被问到是否有足够的食物，是否能付得起暖气和其他公共事业费用，是否能按期还贷款，住房是否拥挤，以及总的来说维持收支平衡有多困难。美国在这些物质指标方面排名几乎垫底，或多或少地符合它在国际上贫困问题突出的排名。

那么，穷孩子们的生活中究竟有哪些物质被剥夺了？

## 饥　饿

在美国，每六个孩子中就有一个处于吃了上顿没下顿的境地——如我之前提到过的，美国农业部将这样的现象定义为"低食物安全"。2015年，生活在贫困线以下的儿童中有43.5%承受着低食物安全的折磨。[12]即便家庭收入提升到贫困线以上，虽然比例低一些，仍有很大一部分家庭处在低食物安全状态。例如，当家庭收入相当于官方贫困线的1.3倍时，[13]有19.6%的家庭是低食物安全的。即便当家庭收入相当于贫困线的1.85倍时，还有 18.2% 的家庭处于低食物安全状态。这也是另一个我们应该制定一条更高的贫困线的原因。

根据农业部的测算，全美所有有 18 岁以下儿童的家庭中，大约有 1% 处于"极低食物安全"的境地，[14] 也就是彻底没有食物的状态。在贫困人群中，处在"极低食物安全"状态的比例大约两倍于这个数字。一位这方面的专家写道："家庭处于低食物安全状态会对年幼儿童的健康和发展造成潜在的坏影响，包括增加他们住院的概率、健康状况不佳、缺铁、发展障碍和行为问题等，主要表现为攻击性强、焦虑、抑郁以及注意力缺乏多动症等。"[15]

## 神经损伤

过去 20 年里，学者们对儿童贫困问题究竟会造成怎样的后果进行了大量研究，其中最令人担忧的一个结论是贫困会对大脑的神经系统造成潜在影响。当儿童支持者们讨论如何改善儿童时期的贫困造成的后果时，他们基本上都会关注例如家庭探访之类的"早期干预"。那是因为贫穷家庭往往因为物质匮乏而无法为儿童提供受教育的环境。在贫困中长大的孩子们比其他孩子少认识很多字词，[16] 更少有机会接触到书本，更少有机会聆听别人给他们读书。在 1997 年一项开创性的研究中，珍妮·布鲁克斯－冈恩（Jeanne Brooks-Gunn，发展心理学家）与格雷格·邓肯（经济学家）就发现贫困儿童有学习障碍的可能性是一般儿童的 1.3 倍，[17] 需要留级的可能性则是一般儿童的 2 倍。

将赤贫中的儿童（家庭收入不足贫困线的一半）与家庭收入高于贫困线的一半但等于或低于 1.5 倍到 2 倍于贫困线的儿童相比较，研究者们发现赤贫组儿童的平均智商会低 6 到 13 个百分点。[18] 这一差异很可能就意味着这些孩子需要接受特殊教育。

布鲁克斯－冈恩和邓肯还对贫困儿童的健康状况进行了研究，尤其是出生时体重偏低的比例以及婴儿死亡率，这些都是预示着未来会有严重健康问题的指标。美国的低体重婴儿多以及婴儿死亡率高，一直是这个国家儿童保育记录上的污点。出生时低体重的婴儿会有更多学习障碍，长大后在智商测试中的表现较差，更经常留级。这样的孩子在婴儿期的死亡率也更高。发育不良的孩子，就是那些明显比同龄人矮小的孩子，也基本都有这样的问题。发育不良的原因是营养不足，而发育不良在贫困儿童中发生的比例远高于非贫困家庭的儿童。这些孩子不但学业成就更低，还会有其他的不足。

123　　　就贫困对神经系统造成影响的研究强调了尽早干预甚至产前干预的紧迫性。神经学的研究是建立在如今被称为"毒性压力"（toxic stress）的假设上的。[19] 当学者们试图证实贫困会对儿童造成伤害时，压力是他们考虑的途径之一。有些压力是建设性的，有助于发展维持生活正常活动的反应和防御。但对贫穷儿童来说，压力可能会持续非常长的时间，导致激素水平长期处于过量状态，这就可能造成严重的损害。有两位学者表示，这种发生在穷孩子身上的毒性压力可能表现为"反复发生的身体及／或精神摧残，长期被忽视，严重的产后抑郁，父母药物滥用，家庭暴力等"。[20]这些表现也可能来源于贫穷本身导致的焦虑和不确定。一位研究者记录道："毒性压力指的是在缺乏由可靠的成人提供支持保护的情况下，身体的压力反应系统长期高强度地被频繁激活。"由于药物滥用或母亲抑郁，仍在子宫中的婴儿可能在产前就已受到压力影响。

更令人惊奇的发现是，毒性压力会破坏"大脑结构的发展，对其他器官产生不利影响，并导致压力管理系统建立起相对较低的响应阈值，而且这个状态将持续一生，从而即便在成人之后也会增加罹患压力相关疾病或失调以及认知障碍的风险"。[21]

还有研究认为大脑皮层中"灰质"减少使得贫困儿童的成就水平相比一般儿童要低15%到20%。[22]一项针对出生六到九个月的婴儿的研究发现，相比出生在高收入家庭的婴儿，贫困家庭的孩子大脑额叶皮层中的脑电活动水平更低。当儿童的家庭收入是贫困线的150%时，从这些孩子身上仍能发现明显的损伤痕迹。

但家长或健康专家的情感和认知给予儿童的支持是能够改善甚至消除其大脑受到的伤害的。一项美国国立卫生研究院（National Institutes of Health）进行的研究通过对大约300个

124

孩子进行核磁共振检查的方式，发现"从生长轨迹的角度，整个大脑、额叶和顶叶的灰质物质的量都有减少，这在贫困儿童身上是最明显的"。[23] 研究还发现，家长所受教育越多，可能他们的收入就越多，孩子大脑中的"灰质"也就越多。儿科医生协会如今正在积极开发一套方法和诊断标准以供其成员发现和判断年幼的贫穷病人是否有承受毒性压力的指征。之前核磁共振研究的执笔者们强调了尽早干预和改善孩子们因贫穷而遭受的不幸具有社会重要性，他们援引了大量文献，证明大脑执行功能和发育具备可塑性，能够对早期干预产生反应。

社会学家和儿科医生都认为，缓解贫困问题，确保儿童大脑健康发育，已经成为美国穷人医疗卫生工作中非常重要的一部分。正如这一领域领军研究者杰克·肖可夫（Jack Shonkoff）所总结的："童年时期遭遇毒性压力将会付出一辈子都无法弥补的巨大代价。"当家庭收入和父母受教育程度有所提升时，哪怕只是在童年最后的阶段，儿童也有可能会缓解甚至逆转早年间毒性压力对大脑造成的伤害。这方面的研究如今正在进行之中。

125

## 对儿童的影响：教育

在越来越多低收入儿童就读的学校里，他们的同学大多也来自低收入家庭。这些学校通常资金短缺，因为主要的经济支持只有地方税收。一项研究发现州政府对那些位于最贫穷街区的学校所发的补助不到税收的15%。[24] 这和早年间的种族隔离如出一辙。

时至今日，根据南方教育基金会（Southern Education Foundation）的数据，全美超过50%的公立学校学生来自低收入家庭，[25] 这一趋势是从1995年开始变得越来越糟糕的。此外，学生的种族也不平衡。相比白人，在这些被叫作"赤贫学校"上学的黑人数量要多得多。

1995年，公立高中的低收入家庭学生比例是33%，2000年上升到38%。到2009年经济大衰退结束的时候，这一数字已经飞升到超过50%，之后一直维持着这么高的比例。

惊人的是，美国有24%的公立学校学生上的是"赤贫学校"，其中75%的同学来自低收入家庭。白人学生中去这种学校的人数只占总数的8%，[26] 但在拉丁裔学生中这个数字是45%，黑人学生中也占45%，印第安和阿拉斯加原住民学生中占37%，太平洋岛国学生中占25%。有色人种学生更有可能去到一所"赤贫学校"读书，那里绝大多数都是来自低收入的工人阶级家庭的学生。

在所有低收入家庭的孩子中，有40%上的是"赤贫学校"。[27] 全美所有公立学校学生中只有6%（换言之，每16个人里就有一个）上的是"贫困学校"，这些学校的学生中有不到25%来自低收入家庭。

126

通过收入界限和种族界限就可以衡量出种族隔离的程度。某种程度上说，这是一个地域分别的问题，但这更主要是资源分配不平等的问题。根据智库城市研究所（Urban Institute）的记录："那些最需要资源的孩子们集中在最缺乏资源来满足他们需求的学校里。"[28] 而且，"在一些大城市，贫困与富足的学校里种族集中现象非常严重，黑人学生和白人学生实际上进入了完全不同的学校体系：一个体系是中产以及中上阶层的白人学生，另一个体系则是贫穷的学生和有色人种学生"。

在这些研究中，"低收入"的定义是那些家庭收入等于或低于官方贫困线 1.85 倍，这也是联邦政府学校午餐项目的准入门槛。1.85 这个倍数决定了学生是否有资格获得学校免费午餐，因而成了估算学校里有多少低收入学生的好方法。事实上，1.85 倍这个数字延伸出了一条更为精确的贫困线，也就是一个由单亲家长和两个孩子组成的家庭年收入是否低于 39 460 美元。[29]

公立学校里低收入学生人数不断增加，这种现象集中在美国南方，但在北方和中西部的中心城市里也有发生。2012 年，全美最穷的十个学区中包括密歇根州的马斯基根海茨、肯塔基州的巴伯维尔、密西西比州的亚祖城、俄亥俄州的新波士顿、得克萨斯州的圣珀利塔。[30] 贫困的孩子们被隔离在正常的美国生活之外，贫困已经在美国几乎每一个角落落地生根。

贫困的孩子们想要突破阶层仍旧无比困难，尤其是有色人种的穷孩子们。在2010年，即迄今最近的一次全国人口普查中，有100万儿童没有被计入，[31]其中有40万是拉丁裔的孩子。因此，贫困人群和工人阶级社区在政府补助面前是排不上号的。很多社会福利项目，包括医疗补助、"儿童健康保险项目"（CHIP）、SNAP、"妇幼营养补助计划"（WIC）、学校免费午餐、"早期开端计划"等，它们的规模是由人口普查结果决定的。

信息是政府走向民主的第一步。但我们国家的扶贫政策没能打好这个基础。究竟有多少美国人挣扎在贫困之中，如果能更准确地了解他们的数量，那么这个国家或许可以在制定扶贫政策时，包括制定那些致力于解决儿童贫困问题的政策时，表现得更有力度、更加明智。

弥补我们对贫困人群的不公待遇最有效的方法不是说一大堆政治术语，而是重新制定一条更加真实的贫困线。

## 改变贫困测度方式

一个更人性化、更关怀个体的国家会同时采用好几种方式测度贫困：哪些是必需的物质条件，哪些能够让人充分参与社会生活，这些都有不同的测度标准，还要对应其他社会阶层定义贫困。

在彼得·汤森（Peter Townsend）笔下，贫困线有三种。[32]

一种是像美国一样的绝对贫困线。这条线能够定义怎样程度才能勉强维持生活，也就是说，这是一条生存线。第二种是根据观察经验估算出的基本需求贫困线，也就是穷人们会需要哪些物品和服务。诺贝尔奖获得者阿马蒂亚·森（Amartya Sen）认为这个国家需要制定一个绝对贫困预算以满足最低限度的需求[33]：充足的食物、住房、医疗、娱乐、教育以及改善家庭环境。他认为，有必要提供这些最基本的"能力"（capabilities）——他与他的共同执笔人创造的概念——以使人能够过上充实的生活。对比起来，美国农业部却是制定了一个"小气"的食品预算，几乎从任何标准来看都不能满足需求。举例来说，按这个标准，穷人们几乎任何东西都必须在家自己烹饪才行。

第三种贫困线才是真正能够对比社会常态来测量相对贫穷的，测度的是究竟需要怎样的工具和服务才能在这个不断改变的社会中立足且有所发展，而且将会对比社会上的其他人来估算贫困人群所处的地位。不过汤森认为这样算本身非常困难。

他对相对贫困的定义与我们的差不多。他记录道："在所有人口中，无论个人、家庭还是群体，只要当他们在面对惯常事物或者所在社会中普遍推崇和认可的事物——食物、参与的活动、生活条件以及设施，等等——时缺乏资源，那么他们就是生活在贫困之中。这些人能够支配的资源远低于一般家庭，致使他们事实上被排除在正常的生活模式、习俗和活动之外。"[34]

但森和汤森都不认为仅以中位线收入的百分比作为相对贫

困测度的依据就足够充分了——欧洲的惯常做法就是这样。两人都希望能够更确切地列出需求，而不仅仅是收入水平的百分比。

汤森的拥护者认为应该附上究竟在哪些方面贫困的清单，比如他们的"家庭财产、住房、邻里、社区服务以及他们是否有能力平衡收支"。[35] 在今天进行这样的分析就需要关注是否缺少例如手机、电脑，是否能够使用网络，是否有足够的公共教育机会等方面。其他更为传统的评判标准包括一个家庭是否有钱付房租，是否看得起牙医，房顶是否漏水，房子里是否有裸露在外面的电线，等等。森的需求列表——被他称为"能力"——包括"维持生命""自由迁徙""营养均衡""健康状况良好""有自尊，也尊重他人""备受呵护"，以及"参与社区生活"。[36]

其他测度贫困的标准可能更加复杂。比如，著名心理学家亚伯拉罕·马斯洛（Abraham Maslow）就在"二战"期间写出了需求层次理论，可以认为其中的所有维度都是能够实现的，即便不能完全达成，我们也能够对所有维度的需求有所追求。这些层次包括生理需求、安全需求、社会和情感需求、尊重需求以及马斯洛称为自我实现的需求。

130

汤森和森的目标为制定扶贫政策开拓了新思路。但我们可以先从制定一条以家庭收入中位数的50%为标准的相对贫困线开始。虽然与大多数欧洲国家用来定义低收入家庭的标准相比，这个数字仍旧偏低，但这将是个追上贫困弹性需求的方法，因为当经济状况更好的时候，需求必然会发生改变。相对贫困测度虽然并不完美，但会减轻许多物质上的匮乏，并第一次使得联邦政策将让穷人永久地被美国繁荣社会所包容作为目标。随着生活水平的提升，对谁才是穷人的定义将得到更加恰当的修正。OPM 和 SPM 也应该较大幅地提升额度，重新从收入中位数的 50% 开始，即让 OPM 回到在 20 世纪 60 年代刚刚开始实行时的水平。容我重申一下我个人较为理想化的想法，即研究进行到一定程度之后，我们可以了解儿童贫困达到怎样的程度开始会造成可以估量的伤害，这才应该是定义贫困的新标准。

　　某种程度上说，政策制定者们已经知道 OPM 算法甚至 SPM 算法都是不够的。幸好如此，收入达到官方贫困线 130% 的人仍旧能够获得医疗补助。之前也提到过，联邦政府出资的学校免费午餐项目以及很多州的补充项目都接受家庭收入达到贫困线 185% 的学生申请。为儿童提供保险的 CHIP 项目有一条远高于官方贫困线的申请标准线。SNAP 也接受收入达到贫困线 130% 的受惠者。在纽约市，所有公立学校的学生，无论他们的家庭收入状况如何，都可以享用政府买单的午餐和早餐。

　　让我们继续按这个逻辑思考。假如我们将贫困标准定在中位家庭（可支配）收入的 50%，按分析师肖恩·弗雷姆斯塔德的计算，对个人而言，2017 年的贫困线将从 12 488 美元上升到 17 685 美元——此间的增加就是弗雷姆斯塔德提倡应该"与主流生活水平维持同步增长"[37] 的部分。对一个四口之家而言，2017 年的贫困线是 25 094 美元，假如这样算就应该是 35 370

美元，相比之下高了足足有差不多 40%。

这个程度与 2016 年盖洛普咨询公司进行的一项调研取得的结果相吻合。在调研中，受访者表示一份"勉强过得下去"的收入甚至比弗雷姆斯塔德所建议的还要高一些：一个四口之家一年需要 50 000 美元才行。包括美国经济政策研究所（Economic Policy Institute）在内，在对合乎需求的生活标准进行研究时采用的最低合理预算甚至比这个数字还要高。大家一致的看法基本是两倍于官方贫困测度的结果。即便是保守派智囊团的美国企业研究所（American Enterprise Institute）在几年前进行民调时也认为对一个四口之家而言，贫困线应该定在 33 000 美元左右一年。[38]

根据弗雷姆斯塔德的计算，假如将家庭收入中位数的 50% 作为贫困线，采用新的、类似 SPM 的算法统计出的 2017 年儿童贫困率将会超过 21%，[39] 也就是大约 1 500 万孩子。若按家庭收入中位数的 60%——欧洲普遍将之视为非官方的贫困线参考——计算，那么美国的儿童贫困率将达到 31%。这就是超过 2 100 万孩子（提醒一下，我们国家目前的官方统计数字是 1 300 万）。当考虑到 SPM 算法会扣除包括医疗支出和例如交通费与托儿费等工作相关开支，实际的贫困率应该会更高。

值得一提的是，当使用 SPM 算法时，有 15.6% 的儿童属于贫困人群，有 17.5% 的儿童生活在贫困线以下。一旦我们将贫困线提到超过 SPM 算法统计出的结果时，那么贫困儿童人数的

132

绝对数字将会快速上升，因为家庭收入会开始被征税，而政府给到每个儿童的福利补助将会开始减少。我与一位同事粗略地估算了一下，结果是假如将贫困线定在中位家庭可支配收入的45%到50%，那么黑人儿童以及拉丁裔儿童的贫困率将在50%左右。相比我们国家人口调查局算出的结果，这些数字更接近现实真相。在我看来，这些数字才真正告诉我们生活在美国的有色人种贫困儿童究竟有多少。

2019年，特朗普政府宣布计划在计算贫困线时采取措施让通货膨胀调整标准上涨得更慢一些。这样一来，贫困线会维持在较低位置，官方统计的穷人数量就会较少。更确切地说，这一改变已经得到了两党一些人士的支持。但其他人认为这样会淡化贫困人口普遍需要的产品价格持续上涨这一事实。无论如何，这样做的后果是显而易见的：数以百万计的人们会逐渐不再有资格获得食品券、医疗补助和住房补贴。[40]

CHAPTER

# 8

第八章

## 金钱亦重要

　　直到最近，分析专家们、政策制定者们以及我们中的很多人都认为贫困儿童们所面对的种种艰难困苦都是诸如单亲家庭、产前健康状态不佳、营养不良、家长受教育程度不高、学校不好、街区犯罪率高、频繁搬家和被下驱逐令之类的原因所导致的。这依然是正确的。但是，近期的研究越来越说明家庭低收入本身才是关键，[1] 家庭低收入可以说是贫困儿童在认知能力、情感稳定性、健康状态方面都不能令人满意的主要原因。无数研究证明了这一点，这不可谓不是一项重要的突破。

　　贫困线上下的收入是否能够解释儿童遭受过很多伤害和痛苦？右翼政治家和一些主流分析专家都曾对此持有疑虑，但令人赞叹的新研究已经得出了肯定的结论。强调金钱的重要性还引出了减少贫困更有效的解决方法，其中在我以及越来越多学界专家看来最有用的，就是向这些孩子的家庭无条件地发放现金补助。

　　正如我们所见，贫穷的孩子会比非贫困儿童经历更多艰难困苦。现在我们知道有越来越多的证据证明给全民拨发现金补助就能解决或者缓解很多问题。伦敦政治经济学院的一群研究者们在梳理了大量近期研究之后记录道："家庭收入似乎会同时导致一系列不同的结果。我们有依据证明家庭收入会对很多事造成非常重要的影响，包括家教方式、家庭环境、产后抑郁、孕期吸烟、儿童的认知能力、儿童在学校的表现和参与度，以及儿童行为和焦虑，等等。"[2]

## 贫困如何造成伤害

20 年前，我们还不清楚贫穷是如何造成伤害的。珍妮·布鲁克斯-冈恩和格雷格·邓肯于 1997 年在他们深具影响力的报告中就提到不清楚贫穷造成的伤害是"由于营养不良；缺乏学习经验；居无定所；学校教学质量差；所处环境中坏影响太多、家庭暴力以及无家可归；街道上的危险；抑或是缺少朋友、服务，或者对青少年来说，找不到工作？"。[3]

更新的研究关注低收入可能造成伤害的三个渠道。[4] 这些渠道中第一条当属缺乏金钱以购买食品、付房租、付暖气费以及购买其他生活必需品。有了钱，就可以买有营养的食物，拥有更宽敞、更稳定的住房，付得起暖气费和电费，买得起玩具、保暖的衣物、眼镜，时不时可以去看医生，也付得起交通费。

但另两个关联就没有那么明显。金钱可以降低家庭压力[5]——

这对儿童的未来前景有着非常重大的影响。家庭压力会体现在家长抑郁、愤怒、忽视孩子、酗酒、吸毒和暴力。充裕的资金还能使父母提供一个对儿童心理健康有好处、有序的环境，让孩子可以慢慢学习，适应社会而成长。[6]他们可以购买书籍和电脑，安装网络，聘请家教，送孩子去接受特殊教育，付音乐课或者美术课的学费，让孩子获得更有益健康的娱乐活动。在这个时代，美国的家长们为孩子的种种活动所花费的钱越来越多，而贫穷的父母在这个方面尤其跟不上。

资金不足将影响穷孩子们的判断力和计算能力，[7]造成情感不稳定和缺乏自制力，很可能还会影响健康。此外，现已明确，孩子们生活在贫困线以下的时间越长，[8]他们陷入贫困的年龄越小，他们所受的伤害就越严重。即便是仅有很短一段时间挣扎在贫困线以下也会给孩子造成不好的影响——而美国有三分之一的儿童至少有一年时间是生活在贫困之中的。每 20 个孩子中就有一个有十年甚至更长的时间都生活在贫困之中。[9]

当孩子们长大成人的时候，贫穷造成的长期影响仍在继续产生作用。相比普通孩子，更少贫穷家庭的孩子能从高中或者大学毕业，他们最终能够挣得的薪水相对平均薪水来说也要低一些，贫穷的年轻人中入狱比例更高。到了 50 岁，相比家庭收入两倍于贫困线的人，曾在年幼时经历过贫困的人有更大可能患有高血压、哮喘和糖尿病，[10]中风和心脏病发作的概率要高71%。[11]贫困造成的不利中，有些可以随着时间的流逝逐渐弥平，

136

但更长期的研究可能反映出物质匮乏会在孩子们成年之后继续对他们造成影响。

对现金补助持怀疑态度的人会继续争论说，越多现金福利就意味着越多的伤害。正如我们之前所见到的，尤其是右翼政治家们，他们关心的不是收入不足，而是将更多的注意力投向遗传学说、父母品行问题、福利依赖以及一系列"坏习惯"文化，包括非婚生子、犯罪、懒惰、成为学校之耻之类的，以及如奥斯卡·刘易斯很出名的说法，对延迟满足无能为力。按这些空想家的思路，政府福利项目，尤其是那些分发现金的福利项目，会让这些毁灭性的坏习惯愈发地根深蒂固。

即使有些不赞成右翼偏见的人，他们也会疑惑这个问题背后的原因究竟是缺钱，还是缺乏能够挣到更高工资的工作。1997年，苏珊·迈耶（Susan Mayer）就在自己的书里质疑了贫困线上下的收入与伤害之间是否真的存在直接关联，这个例子也受到了很多人的关注。按迈耶的说法："父母的收入对孩子的未来并没有很多社会学家说的那么重要。这是因为父母的一些特质，比如技能、勤奋、诚实、健康以及可靠等，才是雇主非常看重而且愿意为此付钱的。父母的这些特质会给孩子增加生活机遇，这与他们的收入是不相关的。"[12]

与我观点相仿的分析专家们往往支持为儿童贫困问题制定多样的解决方案，比如提升住房补贴额度，增加专业人士家访，由公共财政补贴儿童保育，提供早期教育以及犯罪预防，等等。

137

其他人则坚持认为行为以及性格因素，比如太过年轻就生孩子、一家之主是单亲妈妈之类的，而非缺钱，才是导致贫困和生活艰辛的主要原因。事实上，很多人认为根本不必额外给穷人们拨发现金补助也是能够"矫正"贫困的。

这样一来的结果是倾向于记录下单个困难并提出对应的解决方法。提出的各种方案通常都很有价值。但在我看来，这些很多都属于"一次性"的解决方法已经成为大幅减少贫困的阻碍。

## 追踪与金钱的因果关系

在过去 20 年间，在解析很多互相关联的因素并单列出收入本身对贫困的影响方面，学者们做得非常出色。正如布鲁克斯－冈恩和邓肯在 1997 年所写的那样，这些研究会因为其他因素进行调整，包括"从统计角度出发，母亲在孩子出生时的年龄，母亲所受教育程度、婚姻状态、种族，以及其他可能影响儿童未来发展的因素"。[13]

一些子女分别在家庭收入发生巨大改变的前后出生，这些研究就通过比较这些兄弟姐妹的认知和健康状况从而分辨出低收入对贫困家庭儿童造成的伤害。那些出生时家庭收入相对更高的孩子在各方面表现都更好，[14] 比如成就测试的成绩就会比其他出生时家庭收入较低的孩子更高。那些出生在家

138

庭低收入时段的孩子们与父母的关系更为疏离，抑郁程度更高，注意力集中时段更短，更有可能产生行为问题，例如经常打架。

事实上，通过目前这些福利政策本身所产生的后果，我们可以发现家庭低收入是造成生活艰辛和贫困伤害的主因。政府项目的福利补贴已经一改再改，为将低收入单列出来作为很多问题的主要原因提供了大量数据基础。

## 自然实验

政府福利项目有变动，新项目即将制定——学者们有时会将这样的行为称为"自然实验"。这样"外源性的"收入增长，使我们有机会通过对比福利补助降低的家庭或者对比那些补贴额度没有提高的家庭，从而测度福利补助和收入突然增加会产生怎样的结果。

两项政府资助且扩大了受惠面的收入福利项目就为研究金钱的影响提供了极其有趣的自然实验例证。"劳动所得税扣抵制"（EITC）福利对于有孩子的家庭格外有益，1993 年，该项福利额度得到了大幅提升。总的来说，有一个孩子的家庭可以得到的抵免额度上升了 40%，有两个孩子的家庭大约上升了 100%。

研究者先估算了在那些税收抵免额度大幅提高的家庭中，

139

孩子们可以得到多少益处，[15] 然后再对比那些收入并没有提升很多的家庭。这些"外源性的"收入提升必须与其他潜在巧合可能带来的影响区分开来，比如父母的行为或受教育程度。EITC的抵免额度在 1993 年前以及 2009 年都曾提升，增加了关于这些问题的数据。此外，由州政府管理的 EITC 项目也提供了更多可供分析的信息。

最终的结果令人振奋，证实了资金宽裕与否大有不同。那些收入因为 EITC 而大幅增加的家庭与收入没有增加的家庭相比，生活在前者中的孩子们在学校表现更好、成就测试得分更高、进大学的比例更高，而且总体来说要更健康一些。一项研究还指出在那些收入增加了的家庭中，新生婴儿的体重也要更重一些，[16] 妈妈们所受的压力则有明显的降低。

回顾 20 世纪 70 年代初，理查德·尼克松总统提出要以"负所得税"（Negative Income Tax）的形式制定一个收入保护项目，目的是让"向贫困宣战"在改进的基础上延续下去。贫困家庭的收入越低，他们可以通过退税方式领取的福利就越多（直到达到某个上限为止）；且该笔福利会以现金补助的形式发放。这其实就是 EITC 的前身。[17] 不过按尼克松总统的做法，即便一个家庭收入为零，也可以领取现金补贴。反对派认为这可能会助长个人不工作的歪风。

有很多地区都曾实验性地、短暂地尝试过"负所得税"制，结果令人备受鼓舞。最终工作时长几乎没有减少，有些地区甚至没有证据可以证明有人减少了工作量。虽然尼克松提案在众议院得以通过，但仍未能得到参议院的支持。最终，总统本人撤销了这个计划。

## 美国印第安人的赌场

过了一些年，又有一系列关于收入增加对贫困儿童产生积极影响的研究吸引了大量关注。1996 年，北卡罗来纳州的美国印第安部落在东部切罗基族保留地上开了一个赌场，每一个切罗基族部落成员都能获得赌场盈利的一部分，[18] 每六个月分一次红。孩子们也有份，但在年满 18 岁之前，他们的钱会被存在一个银行账户中。第一年的分红大约是 4 000 美元，但到了 2006 年，当好几项调查这一做法影响和后果的研究结束的时候，每个族人的年度分红已经达到了 9 000 美元。

对比切罗基族居住地附近社区的非印第安家庭（他们不会得到这样的额外资助），通过分析可知这笔钱极大地提升了印第安孩子们在教育方面的成就。当地的高中毕业率大幅提升。收入的增加还降低了孩子们成为青少年之后犯罪的概率。有一项研究发现，相比那些没有得到额外经济援助的孩子，这些印第安孩子在青春期以及成年之后发生精神障碍的概率也要低很多。

141

## 加拿大的儿童津贴

早年间，加拿大实行的收入保障项目开辟了一条研究贫困儿童的途径，这个项目为受惠家庭以及这些家庭的孩子们带来了明显的益处，并为以后项目的施行奠定了基础。加拿大曼尼托巴省的一个镇曾在 1974 年到 1978 年间进行过保障个人基本收入的试点，名为"最低收入计划"（Mincome program），[19]也有人称其为"米糠计划"。曼尼托巴省多芬市的所有居民"凡生活在四口之家，则每年最低收入相当于 19 500 美元（最低数额根据家庭人数变化而变动）。无论何种原因不工作的人也可以全额获得最低收入，数额相当于 1976 年家庭收入中位数的大约49%"。多芬的所有居民中大约有 18%——也就是差不多 2 000人，或大约 700 个家庭——曾一度通过这项计划领取补贴。这项实验在 1978 年终止，直到很多年后才有人对此进行研究，最终的结果令人大开眼界。一位加拿大学者发现，"总的来说，多芬本地人住院的比例和对照组相比有所下降"。发生意外事故和伤害的概率也下降了。曼尼托巴大学的加拿大学者伊夫琳·福戈特（Evelyn Forget）补充道："可以这么说，导致住院的事故和伤害都与贫困密切相关。"那些通过"最低收入计划"受惠家庭的青少年受教育的时间也更长。

142

今日加拿大的儿童津贴也为分析不同收入对贫困儿童未来的影响提供了大量有用的数据。加拿大各个地区拨发的儿童现金津贴数额不等。最终的结果引人注目。研究者们发现获得更高津贴家庭的孩子们在学校测试成绩更好，心理和身体都更健康。[20] 其中，认知能力可以通过成就测试和学校的学业水平进行衡量，身心健康则以包括观察活动亢奋以及社会焦虑等一系列方式进行测度。研究者们还评估了母亲们的抑郁程度，因为这也被认为是一个可能对孩子的表现产生影响的因素。在所有情况下，相比其他家庭，这些获得更高津贴的家庭都实实在在地展现出更加正面的结果。

## 伦敦政治经济学院的报告

之前提到过，伦敦政治经济学院的研究者们在 2013 年发布了一份有关向有孩子的贫困家庭拨发额外的补助会造成怎样影响的报告，[21] 成了这一领域最有影响力也最全面的一份报告。研究者们梳理了共计 44 000 份有关贫困影响的研究，将可能造成的影响分为 34 个类别，从而总结出收入确实就是至关重要的一个因素。在这些可靠的研究中，收入增加会让孩子们在成就测试中的得分有显著提升，情感行为更加稳定，健康状况有所改善。所有这些被梳理的研究中，仅有五份显示收入对儿童发展不起积极作用。

伦敦政治经济学院的研究者们总结道："我们的研究成果清晰地说明金钱会改变儿童的未来。较为贫穷的孩子在认知方面、社会行为方面以及健康方面表现较差，部分原因就在于他们**更穷**，而不仅仅因为贫穷与其他家庭和父母的因素有所关联。其中，认知发展和学校表现方面的证据是最为确凿的，社会和行为发展的指标紧随其后。"

## 一项独特的长期研究

无条件的现金福利补贴会带来**长期**的益处，一项过往的研究为此提供了绝妙证据。这项研究的对象是联邦母亲津贴，这个项目是在 20 世纪初期作为美国第一波进步改革的一部分。大约从南北战争之后，美国就一直有寡妇津贴，但一直到了 20 世纪之后才专门为了让孩子们有足够的营养和住房而向抚养孩子的母亲们拨发专门津贴。

研究者对这些受惠者的孩子们之后一生的发展进行了追踪，他们中大多数寿命较长。这项研究的报告在 2016 年发表，[22] 其中记录到相比那些妈妈们没有领取母亲津贴的孩子，这批受惠者的孩子们的平均寿命要多一年。对于一个很大的群体来说，寿命平均增长一年是非常了不起的，说明其中有很多人实际寿

144

命要长得多。研究者们还发现受惠者的婴儿出生体重偏低的比例大大减少了，孩子们在学校的年份普遍更长，高中退学率更低，因而长大之后的工资也更高。

## 住房投资和健康

更近一段时间，家庭环境观察量表（HOME scale）被开发出来，用于评估家庭环境对于孩子而言是否足够有益。量表需要详细记录家庭中玩具、书本以及学习材料的数量，还需要观察和评价父母在家庭中的行为。研究结果显示，收入越低，这个家庭在量表中的得分等级就越低。

根据更早期调研中的一项，低收入家庭每年花在每个孩子身上的钱大约是 880 美元（按美元在 2012 年的价值估算），[23] 而更高收入的家庭会花超过 3 700 美元。2006 年到 2007 年间，当低收入家庭在孩子身上的"投资"上升到 1 400 美元时，更高收入家庭已经将此开支提升到 9 400 美元。有人进行过这样的研究：贫困家庭的孩子从出生到 5 岁，假如每年给这个家庭额外的 10 000 美元会对孩子产生怎样的影响，而研究结果显示这会对孩子的认知成就起到相当积极的作用。

有好几项研究都证实了低收入本身就会增加儿童受到虐待的概率，即便对家庭结构、父母特性以及其他可能导致儿童受虐的因素进行调整，最终结果也是一样。例如，美国儿童和家庭管理局（Administration for Children and Families，简称AFC）旗下的儿童事务局（Children's Bureau）会公布每年儿童保护服务上门访问的次数。研究总结道，有四分之一的儿童虐待归因为家庭贫困、失业或经济压力。[24]另一项研究发现当EITC的额度增加时，儿童虐待的发生率下降了。[25]对经济因素变化最为敏感的是儿童性侵和躯体虐待以及被迫身处成人之间有家庭暴力的环境中。

给贫困的父母更多钱会让他们在投资孩子的未来时更加慷慨，在伦敦政治经济学院研究者们分析的研究中有34项进一步证明了这一点。有一项研究发现随着收入增加，孩子们读的书会更多，与父母之间的讨论商量也会增加。另一项研究发现当收入增加，父母会花更多钱给孩子购买服装、玩具、水果和蔬菜，[26]在烟酒方面的开支则会减少。

有三位学者——分别是吉川裕和（Hirokazu Yoshikawa）、J.劳伦斯·阿伯（J. Lawrence Aber）以及威廉·比尔兹利（William Beardslee）——也检阅了一系列当代的研究。他们总结道："在对这些精心挑选的重要研究进行回顾的基础上，我们得到了几个主要结论。首先，从因果关系的角度，家庭贫困和儿童与青少年的心理、精神以及行为健康恶化之间存在关联，街区贫困也会产生部分影响。这种因果关系为基于贫困的预防提供了有力的理由。贫困（可测得）的影响与父母的受教育程度或种族民族等相关因素并没有关系，几乎没有证据表明贫困对儿童或青少年心理、精神和行为健康造成的有害影响会因种族或民族而异。"[27]

在分析更多收入如何弥补贫富儿童成就差距时，伦敦政治经济学院的研究者们发现，只要家庭收入能够增加 10 000 美元一年，就能弥平成就差距的一半。[28]越来越多的证据表明金钱真的很重要。低收入就是造成物质困难的主要原因——这应该成为制定新的、更有效的公共政策以及证明政府应该增加支出时的指导思路。

看不见的孩子

CHAPTER

# 9

---

**第九章**

# 不应首先关注穷人的行为

很多贫困问题分析专家对美国穷人不负责任行为的关注严重削弱了整个国家公平且彻底地解决贫困问题的能力和决心。当美国原有的现金补助几乎全部被削减之后,值得帮助的穷人——政府应该援助的对象——就只剩下那些有工作的人了。有工作但工资非常低的穷忙族也不在新社会福利制度的惠及范畴内,尽管现在有很多人挣得的薪水就是少得可怜。值得再提的是,当克林顿时期的经济繁荣过去之后,福利改革后美国的**贫困率并没有下降**。

对如伊莎贝尔·索希尔(Isabelle Sawhill)和罗恩·哈斯金斯(Ron Haskins)这样有影响力的中间派和保守派而言,贫困的源头往往绕不开贫困的未婚妈妈。[1] 这看起来再明显不过了。在美国,很多穷人都是单亲妈妈,又有很多单亲妈妈生活在贫困之中。因此她们应该结婚。当前副总统丹·奎尔(Dan Quayle)在 1992 年对电视剧中的人物墨菲·布朗(Murphy Brown)非婚生子提出批评的时候,备受尊敬的索希尔甚至还为副总统辩护了。她写下自己成功的婚姻经历作为对奎尔的支持,并总结道："婚姻才是养育子女最好的方式，在减少儿童贫困方面，没有哪一种政府福利项目会像婚姻一样有用。"[2]

但如我们提过的那样，在富有的国家，非婚出生率高已是大势所趋。与早几十年的时候相比，单亲妈妈或非婚生子已经越来越不算什么丢脸的事情了。甚至就连索希尔也不得不承认，"未满 30 岁的女性所生的孩子有超过一半属于非婚生。一种曾经与贫困联系在一起的生活方式如今俨然成为主流"。[3] 如今的女性往往能够负担自己的生活，主动追求事业的成功，也因而更少依赖男性。年轻的、想要孩子的女性并不愿意将就一个并不适合自己的丈夫。

经济学家乔治·阿克洛夫（George Akerlof）和珍妮特·耶伦（Janet Yellen）就非婚生育提出了另一种可能性。[4] 从 20 世纪 70 年代开始，避孕方法和人工流产越来越容易实现（马萨诸塞州第一个将在商店柜台销售避孕产品合法化），原本普遍的"奉子成婚"现象减少了。当女性怀孕的时候，她们本人和她们的伴侣都不再觉得自己负有结婚的责任。

对福利的种种诟病中，尤其受攻击的是对生育更多子女的母亲进行奖励的项目。这种指责往往针对黑人女性。甚至有人争辩说，在 1996 年进行福利制度改革后，非婚生的孩子减少了，因为女性不再由于生育更多孩子而获得额外补助。

事实上，非婚生育的母亲比例是从 20 世纪 60 年代开始上升的，比福利制度改革早得多。在"贫困家庭临时援助计划"

（TANF）实行了几年后，原本的生育补助早已不存在，但进入 21 世纪后，非婚生育率仍在继续上升。至于黑人女性，她们非婚生育的最高峰差不多在 20 世纪 80 年代。正如彼得·埃德尔曼记录的，"过去 30 年间（从 20 世纪 80 年代起），美国的非婚生育率不断增加几乎全是白人女性以及拉丁裔女性的变化所致"。[5]

那些反对堕胎的人则不怎么考虑女性意外怀孕的伤害。2018 年到 2019 年，共和党员通过了一系列极端严格的反堕胎法令，未婚女性意外怀孕似乎并不值得他们关心。限制堕胎的法律将使得美国贫困人口中增加更多儿童。事实上，近年来，逐渐放宽的堕胎限制已经减少了未婚女性生子的数量。

其他被认为会导致贫穷的行为原因亦在很多儿童贫困问题专家拟定政策时对他们产生影响。让我们将那些没有高中毕业的家长单列出来之后再讨论。


## 美国穷人的行为并不特殊

即便受过专业训练的学者中也有人觉得那些被认为会导致贫穷的行为是美国的贫困人群所独有的。这种观点不被看作是歧视，部分原因在于缺乏对其他贫困率较低的富裕国家中贫困人群类似行为的研究。有三位社会学家，分别是大卫·布雷迪

（David Brady）、瑞安・芬尼根（Ryan Finnigan）以及萨宾・赫布根（Sabine Hübgen），·在 2017 年完成了这项比较研究。[6] 通过彻查文献，他们发现经济学家和其他分析专家们普遍认为导致美国贫困问题的原因有四个特定的主要特征。我之前也已经提到了一些。这四项特征分别是：单亲妈妈、受教育程度低、高失业率，以及一家之主相对年轻。

布雷迪和他的同事们也探究了在其他富裕国家这些行为特征是否普遍。结果可能会让很多贫困问题分析专家感到吃惊：他们发现，根据卢森堡收入研究数据库（Luxembourg Income Study）中 29 个富裕民主国家的数据，美国受教育水平低、失业人士、年纪轻轻就成家以及单亲妈妈的**平均**比例（他们以此来定义普遍）经常**低于**其他国家。然而美国的贫困率比其他同样有着种种"不良"行为的主要富裕国家都高出不少。

如同布雷迪和他的同事们总结的那样："学者们一般都会问，为什么穷人不结婚，为什么他们不去完成学业，为什么他们不去工作。考虑到美国实际上在这些方面的风险低于平均水平，我们的结果表明相比其他富裕民主国家的居民，美国人更少做出这样的选择或做出这样的行为。"[7]

至于吸引了最多关注的单身女性成为一家之主的问题，[8] 在美国，这样的家庭占所有家庭总数中的大约 8%，只比其他国家的平均数高了一点点。这个比例比英国和爱尔兰都要低，但在英国和爱尔兰，儿童贫困并不像在美国那么常见。在美国，孩子在青少年时期甚至 20 岁出头的年龄仍旧与家人住在一起的比例大约是 6%，这个比例低于丹麦、挪威和瑞典，但在那些国家，儿童贫困非常少见。社会学家帕特里克·霍伊维兰（Patrick Heuveline）和马修·魏因申克（Matthew Weinshenker）在另一项研究中总结道："从比较角度说，仅与单亲妈妈一起生活、家庭没有其他收入来源的［美国］孩子的比例并不特别高或者低。这马上让人高度怀疑减少单亲家庭是否真能有效减少贫困儿童或者贫困人口。"[9]

得到了经济学家和政策分析专家们普遍认同的、通过修正行为削减贫困的设想也面临同样的窘境。其他富裕民主国家的儿童贫困率之所以比美国低，是因为那些国家提供例如免费或者不昂贵的托儿服务、带薪的家庭假、开支不多的学前教育、容易获得的医疗服务以及按月拨发的现金补助，等等，这些慷慨、针对性强的社会福利政策使得那些国家的单亲妈妈们平均来说不会与美国的单亲妈妈们一样贫穷。

这些饱受诟病的行为特征在其他国家并没有导致更高的成人贫困率，因为那些国家有更多的工作机会，有更高的薪水，有更多工作培训和学徒的机会，有更慷慨的社会福利政策，包括覆盖面更广的失业保险。

一个很好的例子就是所谓受教育水平低下。相比其他国家，在美国，学历低的人有更高的可能性陷入贫穷。布雷迪、芬尼根和赫布根近期写道："在美国，如果你没有高中文凭，你最

152

终陷入贫困的概率会增加 16.4%。但在其他 28 个富裕民主国家，受教育程度不高平均来说会让个人陷入贫困的可能性不到 5%。"[10] 其中一个原因就是美国制造业以及其他一些产业中高薪且有工会撑腰的工作快速消失，而且没有任何政策考虑如何对此进行弥补。

美国的人种与种族现状不会影响这些结论的定调。相比更高比例的单亲妈妈，有色人种在就业市场的弱势、缺乏工作和托儿服务、其他社会福利政策覆盖不足是导致贫困问题更为主要的原因。

学者们通过数据展示了降低所谓"导致贫困"的行为风险并不会使贫困率有所降低，这是最能说明问题的。按布雷迪和他同事们的研究，即便将美国单亲妈妈的比例下降到 20 世纪七八十年代的水平，对降低贫困率能够起到的作用仍是微乎其微。

很多被布雷迪和他的同事们证明有误的道德态度都源自丹尼尔·帕特里克·莫伊尼汉以及以黑人女性为家长的家庭形式。2001 年，也就是福利制度改革争辩之后没几年，美国公共电视网（PBS）曾对莫伊尼汉进行过一次采访，这期间他明显展露了自己的偏见。他说："我的看法是，在后现代社会的大环境下，我们磕磕绊绊地进行了重大的社会变革。不久之前，就在 20 世纪，一位在伦敦的、当时非常著名的人类学家勃洛尼斯拉夫·马

**看不见的孩子**

林诺夫斯基（Bronislaw Malinowski）就提出了他认为是人类学第一要义的假设：在所有已知社会中，所有男性子嗣都有一个确定的男性家长。在任何地方都是如此。"[11] 但这个假设正如莫伊尼汉那成为一代政策制定者共识的"贫穷文化"论调一样，经受不住时间的考验。

我们之前提到过，同样研究社会学的埃丁和她的同事证实了贫穷的黑人或拉丁裔女性没有结婚但有孩子的现象并不罕见：事实上，她们的做法才是越来越多人实践的常规，这是背离婚姻这一普遍制度的文化转变。从意识形态来看，将非婚养育子女视为导致贫困的道德解释是那么有力，以至于人们甚至忽略了简单的事实——很多已婚夫妇也是贫穷的。正如肖恩·弗雷姆斯塔德记录的："所有生活在贫困线下且有未成年子女的家长中，有 43% 已婚……相比未婚的家长，收入在贫困线下的已婚家长更多，且相比单亲家庭，更多低食物安全的成年人生活在有孩子的双亲家庭中。"[12]

且正如俄亥俄州的社会学家克里斯蒂·威廉斯（Kristi Williams）所总结的，"问题在于没有证据来证明那些贫穷的单亲家长若进入婚姻关系中，就能产生（如中产阶级家庭）同样的益处"。[13]

显然，那些拥趸们所倡议的所谓行为修正并非正解。我们究竟该做些什么来减少美国的儿童贫困呢？又该做些什么以最终消灭它呢？

# CHAPTER
# 10

**第十章**

## 该做些什么

让我再次重申：我认为我们应该向所有有孩子的家庭无条件地按月给付一笔可观的现金补贴。很久之前我们就已经认识到那些倡导推行善意政策的人也没能将儿童贫困率降低到他们所承诺的水平，尤其是那些特别贫困的儿童。这不是说我们在削减贫困方面没有取得任何值得一提的成就。有些人，包括一些激进派，都宣称如今的儿童贫困率仅是 20 世纪 60 年代时的一半。更可靠的数字应该是下降了 20% 到 25% 左右。但就算降得较多的数字才是正确的，美国的儿童贫困率仍旧太高了，对经济的影响也仍旧很大。

我们已经了解到调查研究和自然实验结果都显示提高家庭每月收入能够促进儿童的健康以及他们的认知和情感能力的发展，甚至在这些儿童长大成人以后仍有持续的影响力。我们也注意到许多国家长期提供儿童现金津贴，这样的做法是成功的，我们之后还会进一步详细探讨。我们知道了因为一些长期存在的现金福利补助项目被削减甚至中断的关系，那些真正身处赤贫的人们其实是被忽视的。是时候纠正这些不平衡的道德标准了。

几项针对儿童贫困问题的研究结合在一起为现金津贴提供了有力证据。其中两项特别突出。一方面我们发现，独立分析显示合理数额的现金补贴，每个孩子每月补助 300 美元或者 400 美元，就能使儿童贫困率下降一半。另一方面，欧洲和加拿大的无条件现金补助项目获得了成功，这告诉我们绝大部分父母都是在乎自己的孩子的，基本不会把钱挥霍在自己身上。

## 专注、承诺、简单——以及即时

我已经探讨过夸大贫困行为原因的各种理论，不仅因为它们往往是错误的，还因为它们分散了我们的注意力，妨碍我们得出更为实际的解决方案。我希望我们能够将关于婚姻、青少年性行为、躲避工作以及种族特性的道德思考暂时放在一边，因为正如我之前指出的那样，有可靠的研究告诉我们，虽然有很多人这样相信，但这些并不是导致贫穷的潜在原因。

每月给所有有孩子的家庭拨发慷慨的现金补助并不代表就不用在其他方面努力了。通过投资建设基础设施、学徒制、工资和工作补贴等为低收入工作者创造更多工作机会和提供收入保障的项目都会带来明显的好处。通过提供更多儿童保育支持，妈妈们可以从中极大地受益。更多和更好的教育机会，包括职业培训，都是关键的。住房补贴也已经被证明非常有价值，为

156

贫困儿童带去了很多益处。有些研究已经证明了稳定、体面的住房是对儿童的身心健康有着格外重大意义的变量。近年来，民主党实施了一系列针对这些方面声势浩大的项目，尤其值得一提的是住房补助项目。但那些拥护者们往往出于善意提出一些期望能够取悦所有人的政策提案，但这在政治上是无用的。现金补助就能解决这些问题中的大多数，值得被首先考虑——因为这样就能快速有效地降低儿童贫困率。其他富裕国家的儿童贫困率比我们低那么多，一个主要原因就是这些国家几乎全都为**所有的**儿童提供无条件的现金补助。在奥地利、比利时、保加利亚、加拿大、丹麦、爱沙尼亚、芬兰、法国、德国、匈牙利、爱尔兰、拉脱维亚、卢森堡、荷兰、波兰、罗马尼亚、斯洛伐克、瑞典，还有英国，都是这样做的。无论父母工作与否，他们都能领到这笔补助。[1]

2016 年，加拿大每位 6 岁以下的儿童最低能够领取相当于4 935 美元的儿童津贴，[2] 6—17 岁的儿童和青少年最低能领取4 164 美元，但各个地区具体津贴额度不同。在比利时的布鲁塞尔，有两个孩子的家庭每年能领到大约 3 700 美元，在德国是 5 200 美元，[3] 在爱尔兰是 3 750 美元，在荷兰则是大约 2 815 美元。[4]

现金津贴在美国会不会成功呢？20 世纪八九十年代，人们对现金补助满是愤慨，凸显了整个国家对于贫困人群，尤其是黑人贫困人群的态度：他们会任性挥霍补助，为了更多好处钻制度的空子，或因为懒惰逃避工作。

父母会把儿童津贴花在提升孩子的未来上，还是花在自己身上？英国于1998年开始实行一项雄心勃勃的儿童保育福利项目，其中就包括给儿童的现金补贴。学者们认真研究了包括现金补贴在内的该项目在贫困父母对子女投资方面的影响。儿童贫困率因而下降了很多。根据经济学家保罗·格雷格（Paul Gregg）、简·沃德佛格（Jane Waldfogel）和伊丽莎白·沃什布鲁克（Elizabeth Washbrook）的报告，满足孩子们需求方面的开支大幅增加了。[5]

　　美国也进行过一项类似研究，关注福利改革对家庭开支的影响，研究发现大部分钱都花在了工作相关的支出上，[6]因为美国的福利项目都要求妈妈们有工作。英国的保守党政府借经济紧缩的名义在近年来削减了一些这样的福利待遇，导致英国的儿童贫困率又开始上升了。

　　还有其他有力证据可以证明家长会将额外的钱花在满足孩子们的需求上。之前我们提到过的自然实验，比如联邦母亲津贴、因"劳动所得税扣抵制"（EITC）而增加收入、印第安赌场的例子等，都显示了额外的钱都花在孩子们身上，最终相比没有得到额外金钱的孩子们，这些孩子们的未来有了明显的提升。

　　在这个问题上，保守的想法和进步的态度也有走到一起的时候，尽管背后的含义有些危险。保守派，比如自由主义的尼斯坎南研究所（Niskanen Institute），更倾向于减少政府对贫困

158

人群颐指气使的控制，[7] 代以可供穷人们自由支配的现金补助。但这些自由主义者同时也呼吁减少社会福利项目。查尔斯·默里倡议取消所有福利项目，为美国所有 21 岁以上的国民每人每年发放现金补助 10 000 美元。[8]

在我看来，最好的提议是我们必须将美国人的社会权利扩大化——把儿童补助作为现有社会福利项目的补充。这也可能为一项新的全民福利树立一个模板。过去，我们曾在面向所有儿童的政策方面有过大胆的先例：美国在 19 世纪就推行了免费、公立的初等义务教育。[9]

有些扶贫项目的确让穷人觉得受到了歧视。与之相比，提供现金能让贫困人群自己进行安排，而非对他们颐指气使。这是我提倡无条件儿童补助的重要理由之一，与之形成对照的是很多拉丁美洲国家都要求父母必须满足一定的受教育或者健康要求才能领取补助。[10] 墨西哥就是个很突出的例子。

正如我们所见的，对现存福利项目，包括医疗补助、"补充营养援助计划"（SNAP）以及住房补助等，一直有人抱怨个不停，原因是这些福利就如同之前的现金补助一样，会让美国人逃避工作。在 20 世纪八九十年代他们就这么说，虽然现金形式的福利补助已经大幅缩减，反对的声音仍旧没有停止。毫无疑问，对儿童现金福利补助项目，他们会提出更多反对的意见。

保罗·瑞安（Paul Ryan）最迟在 2018 年卸任众议院共和党发言人之前还在不负责任地宣称"华盛顿在扶贫项目方面的开支以万亿计，可我们还是没能撼动这座大山分毫"。[11] 但我们知道儿童贫困率虽然下降得不够多，也并不是一点变化也没有的。特朗普政府的经济顾问委员会就在几个月之后发表了一通更加不负责任的报告，竟然通过人为的操纵数据宣称贫穷问题已经基本被消灭了！

强有力的证据显示，社会福利项目对美国人的工作意愿所产生的影响其实非常小。[12] 特朗普麾下的白宫经济学家在 2018 年夏季撰写了有关贫困问题的报告，[13] 说明需要给医疗补助、SNAP 以及住房补助附加工作要求的理由。他们举出的例子是有很多健全人不工作也领取医疗补助。但根据凯泽家庭基金会（Kaiser Family Foundation）的统计，有 60% 的医疗补助受惠者有全职或者兼职工作，[14] 还有 18% 的受惠者家中有工作的成年人。SNAP 在任何一个月的受惠者中都有四分之三在领取食品券的上一年或之后一年内工作过，往往当月也有工作。有一半领食品券的人在领取补助的同时处于就业状态。

经济学家对超过六个拨发现金津贴的发展中国家[15]——分别是菲律宾、印度尼西亚、摩洛哥、墨西哥、尼加拉瓜和洪都拉斯——进行研究之后发现，在引入了津贴制度后，这些国家的就业人数并没有下降。

现金补助被大幅削减意味着什么？"贫困家庭临时援助计划"

（TANF）就提供了一个严酷但现实的例子。很多女性确实按照申领 TANF 的要求找了工作，但这样的工作大多是不稳定的、随着时间的推移会被取代或者干脆消失的。还有很多女性因为受教育程度不高、缺乏交通工具、在育儿方面没有帮手而找不到工作。阿洛克·舍曼和达尼洛·特里西根据研究总结道："在1995 年（福利法实施之前）到 2005 年（失业率相近的一年）之间，赤贫状态的儿童比例从 2.1% 上升到了 3%，数量则从 150 万增加到了 220 万（根据已调整的数据，与官方 OPM 测度以及 SPM 测算所得均有不同）。同样的，生活在以女性为家长的家庭中的人群，赤贫比例也从 1995 年的 2.9% 上升到了 2005 年的 6%。"[16]

20 世纪 80 年代，包括儿童贫困问题分析专家格雷格·邓肯以及政治学家玛丽·科科伦（Mary Corcoran）在内的学者似乎都倾向于不认可福利补助会导致大范围的过度依赖。[17]这些研究的依据是对政府调研和就业趋势的分析。

我要在此重申之前提到过的一点。在 20 世纪八九十年代，人们形成了一种新的"共识"，刚好与哈佛大学以及其他一些中间派或者原本属于进步派的经济学家们通过研究所支持的观点一致，但与邓肯和科科伦的看法相反，即福利确实会导致依赖。根据这些经济学家的分析，导致贫困的原因有很多，其中单身母亲这一条被列在很重要的位置，再加上种族歧视（以及阶级歧视），使他们得出结论说现金补助是破坏性的，而且开销将无比巨大。哈佛大学的大卫·埃尔伍德就是福利补助应该附带工作要求的主要倡导者之一，这项提议主要针对的就是女性。埃尔伍德和同样出自哈佛大学的玛丽·乔·贝恩对长期数据进行了分析，但选用了与邓肯和其他人不同的分析方法，[18]最终得到的长期贫困且依赖福利项目的人数也不尽相同。研究发现，在任意一天，都有较高比例的福利受惠者属于长期领取补助，且数额巨大，因而论证了福利依赖一说。在此基础上，他们提出了要为福利项目附带工作要求。但这样的分析并不意味着所有领取福利的人中有较高比例是长期受惠者。事实并非如此。正相反，模拟实验展示了有更多领取福利的人只是短期受到补助而已。这些激进派确实拥护克林顿的福利制度改革，但至少他们也认为有必要制订一个增加就业机会的计划。

克林顿总统原本是支持增加就业机会的，但最终屈服于共和党的压力——国会两院被共和党全面控制了，TANF 项目于是在没有类似创造工作机会项目的背景下被通过了。在威廉·朱利叶斯·威尔逊、赫伯特·甘斯以及其他一些人的努力下，对未婚女性，尤其是黑人未婚女性提出的不负责任的文化指控被谨慎且令人信服地驳回了。但 TANF 已经成为法律，现金福利补助几乎在美国绝迹。工作要求并没有降低整体的贫困率，但扩大覆盖面的 EITC、SNAP 以及新的"儿童抵税金"（CTC）做到了。之后的研究显示为了领取 TANF 而找的工作大多薪水很低。[19] 与此同时，更多的美国人往往在有工作的情况下陷入非常贫困的境地。如我们已经提到过的，在没有了"抚养未成年儿童家庭援助"（AFDC）之后，很多人除了 SNAP 以外就再也不能得到其他任何帮助了。对老年人以及残障人士的社会支持得到了快速发展，但对有孩子的单亲妈妈而言，她们能够得到的帮助实在增加得太慢也太少了。在此要提一下，对残障人士的社会保险计划于 1965 年扩大了覆盖面并被通过，之后也获得了持续的增长，成为近年来争议的主要来源之一。

## 主流的支持

更多的主流研究者们正在转而支持不仅给贫困儿童，而且是给所有儿童拨发无条件的现金补助。这笔补助将在征税范围内，因而高收入家庭的孩子扣税后将获得较少的补助。同时，儿童补助将让非常贫困的人群直接受益。

为了激发起新的国家信念，第一步就是要承认问题的严重性以及解决问题会需要用到大量资金。比如，英国曾在工党首相托尼·布莱尔以及戈登·布朗任期内实行过更加激进的社会福利项目。其中一项就是在全英实行类似"开端计划"的学前教育项目，在英国叫作"确保开端计划"（Sure Start），[20] 政府为此承担的额外开支是 120 亿美元。想要在美国实行规模类似的项目就需要新建几十个新的中心，估计开支会达到 1 600 亿美元。

在英国，若是不算上政府福利项目和税收，儿童贫困率比美国的更高，按卢森堡收入研究数据库的统计在大约 34%。[21] 但在保守党最近采取紧缩措施前，算上包括之前提过的儿童现金津贴等政府福利之后，英国的儿童贫困率下降了 25 个百分点。最终，英国的相对儿童贫困率仅为 9%，而美国（若用与英国相同的方式进行测度）是 21%。

美国迄今还没有制定出足够解决这方面问题的新项目。正相反，直到最近为止，美国政府对儿童贫困问题的关注是不足的，证据就是对生活在贫困线下家庭的社会福利开支只占了政府所有开支中非常小的一部分。这种态度已经开始有了些微变化，比如，CTC 的额度就已经提高到了 2 000 美元。正如学者尼尔·哈尔丰（Neal Halfon）在比较美国与英国最近的儿童福利政策时所说的，"无论他们自诩对儿童有怎样的承诺，奥巴马政府能做的只有在不同的立法法案里，零零星星地将这笔钱中很小的一部分拨给了一些儿童早期教育项目而已。而且这些法案并没有统一或者整合成为一个跨机构的大战略"。[22] 整体的态度确实已经有了些微变化，将 CTC 的额度提升到 2 000 美元就显示了这一点。民主党也提出了新的、更激进的儿童政策提案，促进一系列变化，包括提高可返还的金额。但不是说这些提案都能立法成功。

## 将贫困率降低一半

仅靠拨发现金补助就有可能为所有有孩子的家庭提供足够的资金支持，从而切实将儿童贫困率降低一半，而且是在很短的时间内就做到这一点。至于被政府定义为"接近贫困"的人群——我认为这些人真的就是生活在贫困之中，面向全民拨发补助也能提升他们的收入。我们还知道当家庭收入位于中位数附近时，因为我们处于一个收入停滞的年代，他们的生活也很艰辛。这样一笔补助也能帮助到他们。有 6 岁以下幼儿的家庭能得到更多补助，因为研究发现能够通过更多投资获得最大收益的就是 6 岁以下的幼儿。

税收抵免似乎是民主党最钟爱的扶贫工具，我却认为不必那么看重，因为它们往往一年一计（仅在计算税金的时候），一般需要进行大量文书工作，而且那些真正赤贫的人无法从中获得任何好处。此外，从 20 世纪 90 年代后期至大约 2015 年到 2018 年间，南美几个国家在左翼民粹主义政府的"粉红浪潮"期间曾实行过有条件的儿童津贴，要求父母保证孩子能够满足一定的受教育和医疗标准。[23] 有条件的儿童津贴让人感觉受到羞辱，而扶贫项目本身应该避免让人感到羞耻。

在我个人的小小智库，即世纪基金会（Century Foundation）

旗下的"伯纳德·L. 施瓦茨重新发现政府行动"（Bernard L. Schwartz Rediscovering Government Initiative），我们签下了一个广受认可的哥伦比亚大学团队，由团队中的社会学家和经济学家模拟使用贫困儿童现金补助来取代税收抵免，分析不同额度的补助对降低贫困率的作用。

165

哥伦比亚大学的研究者们测试了十种不同的做法，包括不同额度的现金补助，[24] 以及不同年龄段的发放方法，如面向所有6岁以下儿童发放，还是面向所有18岁以下的儿童和青少年分发，等等。不同方式的开支在一年1 000亿美元到2 000亿美元之间。在测试中，现金补助都是面向全部儿童的，无论他们本身是贫是富。与此同时，我们假设CTC已经不复存在。

除了这些面向全部儿童的做法，他们还测试了将CTC变得更为慷慨：完全可以兑换现金，看看会怎么样。换句话说，那些贫穷儿童的家长即便挣得的薪水低得不足以进行税收抵免，他们也能够从中获益。如我之前提过的，一般来讲，现行的CTC对特别贫困的人群并无意义，因为这个项目提供的是对收入的抵免额度——特别穷困的人群并没有资格获得任何实质性的抵免，因为他们的工资太低了。与此同时，那些年收入达到400 000美元一年的家庭却能在特朗普政府改革之后通过CTC抵扣一部分税金。

哥伦比亚大学团队的报告中非常清晰地说明了在保留CTC的基础上增加面向全民的儿童补助的益处。研究发现，同样是政府开支，以现金补助形式给出一美元和以 CTC 退税形式给出一美元相比，前者能使贫困率下降得更多。比如，有学者发现，假如美国每位 18 岁以下的儿童和青少年能够每年获得 2 500 美元的补助金，[25] 与此同时 CTC 项目终止，那么儿童贫困率会下降到 11.4%，有 550 万儿童会从此脱离贫困，赤贫率也能下降 2.3%，而目前实行的 CTC 仅让赤贫率下降了 0.2%。这样做的总开支是 1 090 亿美元。

在所有测试中，最为慷慨的假设是给所有 18 岁以下的儿童和青少年每年拨发 4 000 美元补助，[26] 总的儿童贫困率能够因而下降大约 60%，赤贫率可以削减三分之二。这样做的成本是每年大约 2 000 亿美元。

那些认为这种做法在政治上难以接受的人，请不要忘记，我们每年在社保方面花费差不多 10 000 亿美元才使得老年贫困率大幅下降了——这是全民社会权利的典范做法，儿童补助因而也应该面向所有人。


## 主流经济学家和面向全民的儿童补助


一群在研究儿童贫困问题方面备受尊敬的经济学家已经提议拨发完完全全面向全民的儿童补助，[27] 其中大多是主流经济学家和分析专家，有之前提到过的哥伦比亚大学学者简·沃德佛格、大卫·哈里斯（David Harris），以及其他儿童贫困方面的顶尖专家们，包括格里格·邓肯和卢克·谢弗。他们提出要用每年 3 000 美元的现金补贴来替代现行的 CTC，[28] 6 岁以下幼儿则每年得到 3 600 美元现金补助。

其目的，正如我之前提到过的，是帮助更多赤贫状态的儿童，并为不那么贫困，甚至中产阶级家庭在这个收入不稳定的年代制定一条安定生活的底线。这个项目应该面向所有家庭，无论他们的收入如何。而这笔补贴应该计入联邦政府和地方政府的征税收入中。

学者们认为每月给每个孩子拨发 250 美元或 300 美元就能补足贫困儿童维持生活所需的数额。他们的计算是相对审慎节制的，但这笔钱无疑能够带来莫大的帮助。每多增加一个孩子，儿童补助应该有所下降，因为一个家庭也能形成规模经济，养两个孩子的成本分摊到每个孩子头上会比单独养育一个子女少一些，三个又比两个更少一些。给更年幼的孩子更多补助是因为他们的需求往往更多，而且他们所处的年龄段恰是一生中学习和发展最快的阶段，而且家有年幼子女的父母往往比家有年长孩子的父母更加贫穷。

学者们发现，给所有孩子每人 3 000 美元，并取消每个孩子 4 000 美元的劳动所得税扣抵制额度，这样做能够使儿童贫困率下降 43%，赤贫率更将下降一半。扣除劳动所得税扣抵制以及儿童抵税金的额度之后，若按之前提出的 3 000 美元一年，那么儿童补助项目仅需要花费纳税人 930 亿美元。

家庭将通过电子系统每月收到拨发的补助金。一旦这个国家认可了以现金形式发放儿童补助的必要性，就可以进而探讨发放的额度和渠道。但现金补助在眼下正可谓我们需要的一记妙招。

将儿童贫困率降低一半将成为美国——一个历来对贫困抱持怀疑态度的国家——的伟大胜利。它将大大减少贫困儿童在认知、神经和情感方面的不利，大幅提升儿童健康状况，消除这些孩子的自卑感，并产生建设性的长期效果。几乎所有的美国人都能从中受益：每年我们的国内生产总值（GDP）因贫困问题而损失的 10 000 亿美元中的很大一部分都能就此恢复。

这些学者以及其他一些人在 2019 年向美国国家科学院、美国国家工程院和美国国家医学院提交的一份报告中提出了一套更新的方案，其中包括儿童现金补助以及涉及更多方面的其他计划。[29]这些学者被授权提议一些可能削减贫困的项目，目标是比之前提到过的学术研究结果更加渐进地降低儿童贫困率，该报告即他们的回应。但无论哪项提案都包含了现金补助的计划。

# 后 记

## 对穷人有信心

除了为儿童提供补贴，能做的还有很多，但正如我之前强调的，不能让一个尚未确定政治可行性的整体议程成为一个切实且有益的制度的"拦路虎"。尽管如此，为了建设一个更加美好的世界，我们仍需要尽力去想象光明的未来。

"补充营养援助计划"（SNAP）应该更加慷慨，而且将更多没有孩子的个人也纳为受惠者。

在任何一个列出其他需求的榜单上，开发更多工作岗位都有很高的呼声。若是仍留恋着过去那些年工作自会不断涌现的观点，或是对今天真实的经济状况没有清醒的认识，这样制定的政策将注定是种错误。

我们必须意识到我们如今所处的时代中，几乎所有女性都需要就业，部分原因在于扶贫政策都有工作要求。但无论女性还是男性，他们都没有足够的带薪假来养育子女，也没有现成的福利项目能让他们更好地照顾自己的孩子。

如阿杰伊·肖德瑞记录的，真正面向全民的公共儿童保育服务仍旧难以获得，即便在这类福利项目已经非常超前的纽约也是如此。想要达成男女同工同酬、减少针对女性赤裸裸的歧视，我们还有很多工作需要做。

美国还有一处市场失灵的地方，那就是缺少为穷人而建的、让低收入者也能住得起的公屋。私有市场无法解决这个问题，因此政府必须有所行动。两项联邦政府资助的住房福利项目，即公共住房建设项目以及面向私有市场房租的联邦住房补助券，都已经被证实是卓有成效的。但从中受惠的人太少了。扩大这些项目的覆盖面或许是最能帮到穷孩子们的。之前也曾提到过，住房不足会对儿童的生活造成重大的影响。

国会终于开始关注帮助贫困儿童了。参议员迈克尔·本内特（Michael Bennett）和谢罗德·布朗（Sherrod Brown）在2017年提议按"儿童抵税金"（CTC）的额度，为所有6—18岁之间的儿童和青少年拨发3 000美元的津贴，为6岁以下儿童拨发3 600美元的津贴。[1]这笔钱是可以收回的。这样的做法接近现金补助：所有的孩子，即便他们的父母没有收入，也能得到这3 000美元，平均到每个月，较大的孩子就有250美元，学龄前儿童有300美元。在取消了目前执行的CTC之后，这项津贴的年度开支将在大约1 000亿美元。女性参议员罗莎·德劳罗

（Rosa DeLauro）也有类似提案。

很多民主党人在提案中提到了某种形式的现金补助。让我们制定一个能够立即起到有益作用的收入项目，减少贫困儿童经历的痛苦和承受的不利。总有人会抱怨说这样的现金项目会导致福利依赖。但我们知道这种后果其实是被夸大了，而且若能减少穷孩子深重的苦难，那么一点微不足道的社会成本也是完全值得的。

为了帮助孩子们，我们不需要等待其他政治上难以实现的项目被通过。整个国家被对现金福利根深蒂固的偏见拖了后腿，有些学者和右翼智囊还在强化这种偏见。就像密歇根大学的政策学者卢克·谢弗说的：“如果你只能选择一个福利项目，那么儿童福利补助是最有效的。”

## 穷人的潜力

我们应该学会去欣赏贫穷美国人的潜力。美国拒绝让那些贫穷的人过上体面的生活，折射出这个国家对于穷人的刻薄和严重偏见，凸显了美国人的种族主义观念和阶级优越感。是时候让我们重新认识这一切。正如阿马蒂亚·森的一位助手所说的，森认为“贫穷即不自由”。[2]

精确地测度贫困是为了让这个国家更好地决定如何资助它

的国民，如何减少痛苦和磨难，如何让所有人都能获得美国应许他们的机遇，以及如何履行它的道德义务——提供公平的机遇、选择的自由和健康的生活。也有必要去了解怎样才能维持一支高生产力的劳动者队伍并维护繁荣的经济环境，儿童贫困问题会降低生产力、拖经济的后腿、造成高昂的社会福利支出，是时候承认所有美国人的收入都会因为儿童贫困问题而减少。而这种不利是能够被大幅降低的，而且更重要的是，穷孩子们并不是一定要承受生活苦难的折磨。

莫莉·奥尔尚斯基在20世纪60年代曾说过，即便跨越了她设定的贫困线也不代表这些人已经脱离了生活的艰辛——倒不如说，若是收入连这条贫困线也达不到，这些人是完全活不下去的。美国将勉强维持生计作为测度贫困的标准。这是一个残酷的集体决定。

今日，仍有数以百万计的美国人生活在最低贫困线以下。若是用更公平、更先进的方法进行测度，实际上处于贫困的人群数量应该在6 000万左右。而贫困儿童的数量可以说超过了2 000万。具有讽刺意味的是，我们都不能就美国究竟有多少贫困人口达成共识，更别说减少穷人的数量了。让我们改变态度吧，承认这个国家儿童贫困的现实。以全民儿童津贴的方式将贫困儿童数量减少一半，这将是美国最为伟大的道德胜利之一。

# 致　谢

　　首先，我要感谢所有将一生中的大部分精力贡献给研究美国儿童贫困问题的学者和政策分析师们。当我起初开始准备这本书时，我并不清楚原来有那么多人为之奉献，且研究质量如此之高。很少有比这更为崇高的事业了。我们应该每年为在儿童贫困方面做出最佳研究成果的人颁发一笔奖金才更能体现出对他们贡献的认可。

　　其次，我要感谢克诺夫出版社多年来一直支持我的工作，尤其是这本主题厚重、不那么容易搞懂的书。整个出版社的人都对工作尽心尽力。我尤其要感谢的是我的编辑乔恩·西格尔（Jon Segal），他为让这本书成为一个可读、连贯的整体而付出了很多，正如他为我之前的书所做的一样。我还要特别感谢克诺夫出版社的社长桑尼·梅塔（Sonny Mehta）一直以来的支持。

我还要感谢特蕾西·怀特（Tracy White）和拉克什曼·阿楚坦（Lakshman Achuthan）对儿童贫困问题的兴趣以及他们的罗德尼·L. 怀特基金会（Rodney L. White Foundation）对我的慷慨资助。

最后，我要感谢了不起的研究者、历史学家和学者乔尔·范戈尔德（Joel Feingold），他帮我检索事实、提议增补内容以及勤勤恳恳地帮这个项目收集资料等，他的贡献是无与伦比的。与他合作的一位作者将他称为"全能手"，这个称谓名副其实。

很多年了，我全心全意地感谢夏洛特·希迪（Charlotte Sheedy），我目光远大的出版经纪人，她对我所有的项目报以无可比拟的热情、很有必要的建议，一直以来为我争取最好的出版商。

如我前面说的，这个领域已经出现了很多非常重要的研究成果，我在这里就不一一引述了，因为无论提到哪一位，我都会遗漏太多其他人。他们在本书的正文以及注释中都有被提及。不过还有几位专业和专家朋友给予我大力支持和很有价值的建议，他们是詹姆士·西尔贝曼（James Silberman）、路易斯·尤奇特尔（Louis Uchitelle）以及桑贾伊·雷迪（Sanjay Reddy）。我还要在此一并感谢我的女儿——社会政策分析师马蒂娜·马德里克（Matina Madrick）经常就多个话题给予我的建议。

我还要感谢伯纳德·L. 施瓦茨（Bernard L. Schwartz），多年来一直大力支持我在世纪基金会旗下的"施瓦茨重新发现政府行动"的工作。世纪基金会也向我早期的儿童贫困研究工作给予了宝贵的支持，研究员张力可（Clio Chang）作出了很大的贡献，基金会的很多其他同事也都给了我很多支持。

最后，为这本书做研究与学习的时间比我预想的要更长，在此期间，我总是精力无限、智慧无双的太太金·贝克（Kim Baker）是我的支柱。她一遍又一遍地阅读我的草稿并不断提出有建设性的意见，一如既往。

看不见的孩子

# 注　释

### 第一章　看不见的美国人

1. 1962 年，迈克尔·哈灵顿发表著作《另一个美国》：参见 Michael Harrington, *The Other America* (New York: Macmillan, 1962)。

2. 当时的总统林登·约翰逊一声令下，美国便开始施行：参见 Annelise Orleck and Lisa Gayle Hazirjian, eds., *The War on Poverty: A New Grassroots History, 1964–1980* (Athens: University of Georgia Press, 2011)。

3. 按官方统计，美国有将近 1 300 万贫困儿童：参见 Jessica L. Semega, Kayla R. Fontenot, and Melissa A. Kollar, *Income and Poverty in the United States: 2017* (Washington, DC: United States Census Bureau, 2018), 14。

4. 在法国和德国只有大约十分之一的儿童生活在贫困中：参见 Timothy Smeeding and Céline Thévenot, "Addressing Child Poverty: How Does the United States Compare with Other Nations?", *Academic Pediatrics* 16 (3S) (April 2016), S67–S75, S68。

5.　根据最新的研究结果：参见 H. Luke Shaefer, "The Kids Are Infrequently Alright: Material Hardship among Children in the United States", unpublished manuscript, 2019。

6.　有确凿的证据明确告诉我们：参见 Gary W. Evans and Pilyoung Kim, "Childhood Poverty and Health: Cumulative Risk Exposure and Stress Dysregulation", *Psychological Science* 18 (11) (November 2007), 953–957; Gary W. Evans and Rochelle C. Cassells, "Childhood Poverty, Cumulative Risk Exposure, and Mental Health in Emerging Adults", *Clinical Psychological Science* 2 (3) (May 2014), 287–296; Adam Schickedanz, Benard P. Dreyer, and Neal Halfon, "Childhood Poverty: Understanding and Preventing the Adverse Impacts of a Most-Prevalent Risk to Pediatric Health and Well-Being", *Pediatric Clinics of North America* 62 (5) (October 2015), 1111–1135; Daniel T. Lichter, "Poverty and Inequality among Children", *Annual Review of Sociology* 23 (1997), 121–145。

7.　贫困儿童往往承受身体和精神两方面的痛苦：参见 Bridget J. Goosby, "Early Life Course Pathways of Adult Depression and Chronic Pain", *Journal of Health and Social Behavior* 54 (1) (March 2013), 75–91。

8.　美国的婴儿死亡率较高：参见 U.S. Department of Health and Human Services, Marian F. MacDorman, T. J. Mathews, Ashna D. Mohangoo, and Jennifer Zeitlin, "International Comparisons of Infant Mortality and Related Factors: United States and Europe, 2010", *National Vital Statistics Reports* 63 (5) (September 2014), 1。

9.　一项最近的数据分析惊人地显示美国的国内生产总值降低了一万亿美元：参见 Michael McLaughlin and Mark R. Rank, "Estimating the Economic Cost of Childhood Poverty in the United States", *Social Work Research* 42 (2) (June 2018), 73–83。

10. 全民福利也可以覆盖到那些孩子们：参见 Amartya Sen, "The Political Economy of Targeting", paper presented at Annual Bank Conference on Development Economics, World Bank (Washington, DC: 1992), in Dominique van de Walle and Kimberly Nead, eds., *Public Spending and the Poor: Theory and Evidence* (Washington, DC: World Bank, 1995), 11–24。

11. 覆盖过去 20 年的好几项研究：参见 H. Luke Shaefer, Sophie Collyer, Greg Duncan, Kathryn Edin, Irwin Garfinkel, David Harris, Timothy M. Smeeding, et al., "A Universal Child Allowance: A Plan to Reduce Poverty and Income Instability among Children in the United States", *RSF: The Russell Sage Foundation Journal of the Social Sciences* 4 (2) (February 2018), 22–42; Joe VerValin, "The Case for a Universal Child Allowance in the United States", *Cornell Policy Review* (October 5, 2018), 1–4。亦见 Matt Bruenig, "Child Allowance", in People's Policy Project, *Family Fun Pack* (Washington, DC: People's Policy Project, 2019)。布吕尼希（Bruenig）认为每月应该发放 300 美元的儿童津贴，这应该与包括育儿假、向所有新手父母赠送的"新生儿礼盒"、免费儿童保育服务、免费学前教育、免费医保以及免费学校午餐等共同被视为应得的社会权益。在我看来，这种太过全面的要求会吓退政治上的支持。努力争取现金补助才是更有效率的做法。

12. 这一研究结论有一部分是建立在实验的基础上的：参见 Lauren E. Jones, Kevin S. Milligan, and Mark Stabile, "Child Cash Benefits and Family Expenditures: Evidence from the National Child Benefit", *National Bureau of Economic Research Working Paper* 21101 (2015), 1–41；Samuel Hammond and Robert Orr, "Toward a Universal Child Benefit", *Niskanen Center: Reports* (October 2016), 1–13;

Barbara Wolfe, Jessica Jakubowski, Robert Haveman, and Marissa Courey, "The Income and Health Effects of Tribal Casino Gaming on American Indians", *Demography* 49 (2) (May 2012), 499–524。

13. 较为激进的历史社会学家对现金形式的福利补助进行研究：参见 Anna Aizer, Shari Eli, Joseph Ferrie, and Adriana Lleras-Muney, "The Long Term Impact of Cash Transfers to Poor Families", *National Bureau of Economic Research Working Paper* 20103 (2014), 1–42。

14. 让家庭能够无条件地支配现金补助：参见 Kevin Milligan and Mark Stabile, "Child Benefits, Maternal Employment, and Children's Health: Evidence from Canadian Child Benefit Expansions", *American Economic Review* 99(2) (May 2009), 128–132; Horacio Levy, Manos Matsaganis, and Holly Sutherland, "Towards a European Union Child Basic Income? Within and between Country Effects", *International Journal of Microsimulation* 6 (1) (2013), 63–85。

15. 有些学者认为贫困率会下降到原先的一半：参见 Greg Duncan and Suzanne Le Menestrel, eds., *A Roadmap to Reducing Child Poverty* (Washington, DC: National Academies of Sciences, Engineering, and Medicine, 2019), 6–15。

16. 即使食品券也附带工作要求：参见 Robert Pear, "Thousands Could Lose Food Stamps as States Restore Pre-Recession Requirements", *New York Times*, April 1, 2016; U.S. Department of Agriculture Food and Nutrition Service, "Able-Bodied Adults Without Dependents (ABAWDs): SNAP Supports Work", fns.usda.gov (July 17, 2018)。

17. 研究发现税收抵免：参见 Bruce D. Meyer, "The Effects of the Earned Income Tax Credit and Recent Reforms", in Jeffrey R. Brown, ed., *Tax Policy and the Economy*, vol. 24 (Chicago: University of Chicago

178

Press, 2010), 153–180, 168。

18. 原本较为富裕的地区贫困率也变高了：参见 Long Island Association, *Poverty on Long Island: It's Growing* (Melville, NY: Long Island Association, 2017)。

19. 已经接近国家平均值：参见 Catholic Charities of Santa Clara County and Step Up Silicon Valley, "Poverty in the Valley", stepupsv.org (2014)。

20. 深南地区和致力于农业的西南地区仍旧贫困：参见 Joseph Dalaker, *Poverty in the United States in 2017: In Brief* (Washington, DC: Congressional Research Service, 2018)。

21. "现今在普查时发现贫困情况严重的地区数量更多了"：参见 Paul Jargowsky, "Concentration of Poverty in the New Millennium: Changes in the Prevalence, Composition, and Location of High-Poverty Neighborhoods", *Century Foundation: Social Insurance* (December 18, 2013)。

22. 儿童的贫困率是 17.5%：参见 Semega, Fontenot, and Kollar, *Income and Poverty in the United States: 2017*, 12。

23. 另一种更新的数据统计方式：参见 Liana Fox, *The Supplemental Poverty Measure: 2017* (Washington, DC: United States Census Bureau, 2018)。

24. 超过三分之一的美国儿童：参见 Caroline Ratcliffe, *Child Poverty and Adult Success* (Washington, DC: Urban Institute, 2015)。

25. 在欧洲，单亲妈妈和孩子组成的家庭比例：参见 David Brady, Ryan M. Finnigan, and Sabine Hübgen, "Rethinking the Risks of Poverty: A Framework for Analyzing Prevalences and Penalties", *American Journal of Sociology* 123 (3) (November 2017), 740–786。

26. 但美国关于儿童的社会福利项目相比老人的有两倍那么多：参见 Hilary W. Hoynes and Diane Whitmore Schanzenbach, "Safety

Net Investments in Children", *National Bureau of Economic Research Working Paper* 24594 (2018), 1–44。

27. 美国农业部对食品保障不足人群的统计：参见 Alisha Coleman-Jensen, Matthew P. Rabbitt, Christian A. Gregory, and Anita Singh, *Household Food Security in the United States in 2017* (Washington, DC: United States Department of Agriculture, 2018), 14。

28. 一项预测指出每年额外增加一万美元：参见 Greg J. Duncan and Richard J. Murnane, "Rising Inequality in Family Incomes and Children's Educational Outcomes", *RSF: The Russell Sage Foundation Journal of the Social Sciences* 2 (2) (May 2016), 142–158。

29. 美国没有官方的贫困线：参见 United States Census Bureau, "Poverty: The History of a Measure", *Measuring America* (Washington, DC: United States Census Bureau, 2014)。

30. 有很多关于贫困人群数量的估算：参见 Alan Gillie, "The Origin of the Poverty Line", *Economic History Review* 49 (4) (November 1996), 715–730。

31. 通过 SPM 统计方式得出的贫困线较高：参见 Fox, *Supplemental Poverty Measure: 2017*, 23。

32. "资产有限、收入较低已就业人口联合项目"研究发现：参见 Tami Luhby, "Almost Half of US Families Can't Afford Basics like Rent and Food", *CNN Business*, money.cnn.com (May 18, 2018)。

33. 盖洛普咨询公司每隔几年就进行的一项全国性调查：参见 Jeffrey M. Jones, "Public: Family of Four Needs to Earn Average of $52,000 to Get By", Gallup News Service (February 9, 2007)。

34. 有差不多 600 万儿童所在的家庭：参见 Heather Koball and Yang Jiang, *Basic Facts about Low-Income Children: Children under 18*

180

看不见的孩子

*Years, 2016* (New York: National Center for Children in Poverty, 2018), 3。

35. 2017 年，全美还有将近 2 000 万人生活在深度贫困之中：参见 Premilla Nadasen, "Extreme Poverty Returns to America", *Washington Post*, December 21, 2017。

36. 有 300 万儿童：参见 Kathryn Edin and H. Luke Shaefer, *$2.00 a Day: Living on Almost Nothing in America* (New York: Mariner Books, 2016), xvii。

37. 他们能够到手的补助金的平均数不过是官方贫困测量数据的 55% 左右：此处使用数据来源于 "2018 TANF and SNAP Benefit Levels as Percentage of Federal Poverty Level (FPL)", in Ashley Burnside and Ife Floyd, *TANF Benefits Remain Low Despite Recent Increases in Some States* (Washington, DC: Center on Budget and Policy Priorities, 2019)。

38. 在全美的 17 个州，能够获得的补助金不到 OPM 数据的 50%：参见同上。

39. 在 2019 年刚刚发布的一项研究：参见 Duncan and Le Menestrel, eds., *Roadmap to Reducing Child Poverty*。

40. "记录贫穷的历史在某个方面有些古怪"：参见 Michael B. Katz, *The Undeserving Poor: America's Enduring Confrontation with Poverty* (New York: Oxford University Press, 2013), 272。

41. 在玛格丽特·撒切尔夫人担任首相的年代：参见 Adam Corlett, Stephen Clarke, Conor D'Arcy, and John Wood, *The Living Standards Audit 2018* (London: Resolution Foundation, 2018), 46。

42. 特朗普政府丢人现眼的声明：参见 Jeff Madrick, "That Trump Administration Claim That Poverty Is Low? Outright Flimflam", *The Nation* (October 18, 2018)。

注　释

### 第二章 贫困儿童的生活

1. 法学家、里根总统的顾问埃德温·米斯三世：参见 David Hoffman, "Discussing Hunger in U.S., Meese Sparks a Firestorm", *Washington Post*, December 10, 1983。

2. 生活在低食物安全家庭的孩子：参见 Brandi Franklin, Ashley Jones, Dejuan Love, Stephane Puckett, Justin Macklin, and Shelley White-Means, "Exploring Mediators of Food Insecurity and Obesity: A Review of Recent Literature", *Journal of Community Health* 37 (1) (February 2012), 253–264。

3. 统计数字表明与产前营养不良相关：参见 Louise C. Ivers and Kimberly A. Cullen, "Food Insecurity: Special Considerations for Women", *American Journal of Clinical Nutrition* 94 (6) (December 2011), 1740–44S。

4. 低食物安全还可能造成一系列不良后果：参见 Katherine Alaimo, Christine M. Olson, and Edward A. Frongillo Jr., "Food Insufficiency and American School-Aged Children's Cognitive, Academic, and Psychosocial Development", *Pediatrics* 108 (1) (July 2001), 44–53; James R. Miner, Bjorn Westgard, Travis D. Olives, Roma Patel, and Michelle Biros, "Hunger and Food Insecurity among Patients Presenting to an Urban Emergency Department", *Western Journal of Emergency Medicine* 14 (3) (May 2013), 253–262。

5. 官方统计中大约44%的贫困儿童：参见 Mark Nord, *Food Insecurity in Households with Children: Prevalence, Severity, and Household Characteristics* (Washington, DC: United States Department of Agriculture, 2009), 14。

6. 在经济危机较为严重的 2008 年到 2009 年，缺少食物的人变多了：参见 Alisha Coleman-Jensen, William McFall, and Mark Nord,

看不见的孩子

*Food Insecurity in Households with Children: Prevalence, Severity, and*
*Household Characteristics, 2010–2011* (Washington, DC: United States
Department of Agriculture, 2013), 13; Child Trends, "Percentage
of Children (Ages 0–17) in Food-Insecure Households: Selected
Years, 1995–2016", in "Food Insecurity", *Databank*. childtrends.
org(September 17, 2018)。

7. 极低食物安全的发生率高于平均值：参见 Child Trends, *Food Insecurity* (Bethesda, MD: Child Trends, 2014), 4。

8. 美国存在有人长时间吃不饱甚至饿死的情况发生：参见 Melissa Boteach, Erik Stegman, Sarah Baron, Tracey Ross, and Katie Wright, *The War on Poverty: Then and Now* (Washington, DC: Center for American Progress, 2014), 6–7。

9. 赫苏斯·德·洛斯·桑托斯出生于 1985 年左右：信息源于作者对赫苏斯·德·洛斯·桑托斯的采访。

10. 大部分的政府福利……无法有效地援助那些收入远低于贫困线的人：参见 Hamilton Project, *Strengthening Temporary Assistance for Needy Families* (Washington, DC: Brookings Institution, 2016), 3。

11. 好消息是儿童死亡率下降了：数据来源于 OECD Data, "Infant Mortality Rates: OECD Nations, 1996–2016", data.oecd.org (April 6, 2019)。美国的婴幼儿死亡率已经从 1996 年的 7.3‰ 下降到了 2016 年的 5.9‰。相较而言，斯洛伐克共和国的婴幼儿死亡率从 1996 年的 10.2‰ 下降到了 2016 年的 5.4‰。

12. 这项福利始于 20 世纪 30 年代晚期的项目，近年来每年耗资 780 亿美元：参见 Janet Poppendieck, *Breadlines Knee-Deep in the Wheat: Food Assistance in the Great Depression* (Berkeley: University of California Press, 2014); U.S. Department of Agriculture Food and Nutrition Service, "A Short History of SNAP", fns.usda.gov (September 17,

2018)。

13. 超过九成的受益人：参见 Stacy Dean, *The Future of SNAP* (Washington, DC: Center on Budget and Policy Priorities, 2017)。

14. 生活在能够获得 SNAP 补助家庭的儿童：参见 Steven Carlson, Dottie Rosenbaum, Brynne Keith-Jennings, and Catlin Nchako, *SNAP Works for America's Children* (Washington, DC: Center on Budget and Policy Priorities, 2016)。

15. SNAP 计划已经将 840 万人拉出贫困的泥沼：参见 Center on Budget and Policy Priorities, *Chart Book: SNAP Helps Struggling Families Put Food on the Table* (Washington, DC: Center on Budget and Policy Priorities, 2018), 21。

16. 平均到个人，每月获得的福利补助是大约 125 美元：参见 U.S. Department of Agriculture, *Characteristics of Supplemental Nutrition Assistance Program Households: Fiscal Year 2017* (Washington, DC: United States Department of Agriculture, 2019)。

17. 联合国此前对美国的贫困人群进行过调查：参见 United Nations Special Rapporteur, "Use of Fraud as a Smokescreen", in *Report of the Special Rapporteur on Extreme Poverty and Human Rights on His Mission to the United States of America* (New York: United Nations General Assembly, 2018), 10–11。

18. 一般来说，家庭在每月的第三个星期结束时就已经花完了微薄的食品券：参见 Elena Castellari, Chad Cotti, John Gordanier, and Orgul Ozturk, "Does the Timing of Food Stamp Distribution Matter? A Panel-Data Analysis of Monthly Purchasing Patterns of U.S. Households", *Health Economics* 26 (11) (November 2017), 1380–1393。

19. 往往只能吃低营养、高碳水的食物：参见 Marilyn S. Townsend, Janet

183

看不见的孩子

Peerson, Bradley Love, Cheryl Achterberg, and Suzanne P. Murphy, "Food Insecurity Is Positively Related to Overweight in Women", *Journal of Nutrition* 131 (6) (June 2001), 1738–1745。

20. "他们买得起的食物"：参见 New Mexico Voices for Children, *A Health Impact Assessment of a Food Tax in New Mexico* (Albuquerque: New Mexico Voices for Children, 2015), 37。

21. 午餐项目的起源：参见 Andrew R. Ruis, *Eating to Learn, Learning to Eat: The Origins of School Lunch in the United States* (New Brunswick, NJ: Rutgers University Press, 2017)。

22. 她如何使用每月的食物预算：参见 Eli Saslow, "Too Much of Too Little: A Diet Fueled by Food Stamps Is Making South Texans Obese but Leaving Them Hungry", *Washington Post*, November 9, 2013。

23. 访问贫困家庭最重要的任务之一：信息源于作者对约兰达·米诺尔的采访。

24. 一部大型研究文献指出，孕妇若饥饿或营养不良：参见 Ivers and Cullen, "Food Insecurity: Special Considerations for Women", 1740–44S，其中多次引用和归纳了类似的研究成果。

25. 别再向她们讨哪怕一美元：参见 Ajay Chaudry, *Putting Children First: How Low-Wage Working Mothers Manage Child Care* (New York: Russell Sage Foundation, 2004)。亦见作者的采访。

26. 克利夫兰一位名叫保罗的白人男子的创业故事：参见 Edin and Shaefer, *$2.00 a Day*, 111–119。

27. 95%收入在贫困线100%到150%之间的人群：参见Jonathan Morduch and Julie Siwicki, "In and Out of Poverty: Episodic Poverty and Income Volatility in the US Financial Diaries", *Social Service Review* 91 (3) (September 2017), 390–421。

184

28. 收入不稳定的根源不仅是失业：参见同上。亦见 Jeff Madrick, "America: The Forgotten Poor", *New York Review of Books*, June 22, 2017。

29. 无论在白人、黑人或是拉丁裔的年轻人中，怀孕生产的少女人数都大大下降了：参见 Office of Adolescent Health, "Birth Rates per 1,000 Females Ages 15–19, by Race and Hispanic Origin of Mother, 1990–2017" in *Trends in Teen Pregnancy and Childbearing* (Washington, DC: U.S. Department of Health and Human Services, 2019)。

30. 所有群体中未婚怀孕的女性数量都大幅增加了：参见 Sally C. Curtin, Stephanie J. Ventura, and Gladys M. Martinez, *Recent Declines in Nonmarital Childbearing in the United States: National Center for Health Statistics Data Brief No. 162* (Washington, DC: U.S. Department of Health and Human Services, 2014), 1。

31. （女性非婚生子的比例）：参见 National Vital Statistics Reports, *Births: Final Data for 2016* (Washington, DC: U.S. Department of Health and Human Services, 2018)。亦见 National Vital Statistics Reports, *Births: Final Data for 2017* (Washington, DC: U.S. Department of Health and Human Services, 2019)。

32. 发现可能引发哮喘的蟑螂过敏原：参见 Virginia A. Rauh, Philip J. Landrigan, and Liz Claudio, "Housing and Health: Intersection of Poverty and Environmental Exposures", *Annals of the New York Academy of Sciences* 1136 (1) (June 2008), 276–288。亦见 Juan Carlos Cardet, Margee Louisias, Tonya S. King, Mario Castro, et al., "Income Is an Independent Risk Factor for Worse Asthma Outcomes", *Journal of Allergy and Clinical Immunology* 141 (2) (February 2018), 754–760。

185

33. "感到房租负担重的人数比例……几乎翻了倍"：参见 Joint Center for Housing Studies of Harvard University, *The State of the Nation's Housing: 2018* (Cambridge, MA: Harvard University, 2018), 5。

34. 2017 年，收入少于 15 000 美元的人群中有 83%：参见 Joint Center for Housing Studies of Harvard University, *The State of the Nation's Housing: 2017* (Cambridge, MA: Harvard University, 2017), 31。

35. 平均每月只剩下 565 美元来应付其他所有的开支：参见 Habitat for Humanity, *High Housing Cost Burdens in the United States* (Washington, DC: Habitat for Humanity, 2013)。

36. 黑人以及拉丁裔的比例更高：参见 Matthew Desmond, "Heavy Is the House: Rent Burden among the American Urban Poor", *International Journal of Urban and Regional Research* 42 (1) (January 2018), 160–170。

37. "低收入的自有住房者和租房者中，因为这方面开支而感受到极大压力的人数比例是差不多的"：参见 Laurie Goodman and Bhargavi Ganesh, "Low-Income Homeowners Are as Burdened by Housing Costs as Renters", *Urban Wire: The Blog of the Urban Institute* (June 14, 2017)。

186

38. "大部分租房住的穷人们"：参见 Desmond, "Heavy Is the House", 160。

39. 穷人不得不住着最差的房子：参见 Amy Edmonds, Paula Braveman, Elaine Arkin, and Doug Jutte, *How Do Neighborhood Conditions Shape Health?"* (Princeton, NJ: Robert Wood Johnson Foundation, 2015)。

40. 穷人们的居住环境往往也很拥挤：参见 Claudia D. Solari and Robert D. Mare, "Housing Crowding Effects on Children's Wellbeing", *Social Science Research* 41 (2) (March 2012), 464–476。

41. 经常搬家是有害的：参见 Kathleen M. Ziol-Guest and Claire C. McKenna, "Early Childhood Housing Instability and School Readiness", *Child Development* 85 (1) (January-February 2014), 103–113; Megan Sandel, Richard Sheward, Stephanie Ettinger de Cuba, Sharon M. Coleman, et al., "Unstable Housing and Caregiver and Child Health in Renter Families", *Pediatrics* 141 (2) (February 2018), 1–12；HUD Office of Policy Development and Research (RD&R), "How Housing Instability Impacts Individual and Family Well-Being", *PD&R Edge*, November 2018。

42. 住房补贴能改善儿童的整体发展：参见 Mary Cunningham and Graham McDonald, "Housing as a Platform for Improving Education Outcomes among Low-Income Children", *What Works Collaborative* (Washington, DC: Urban Institute, 2012), 1–16。

43. 血液中铅含量超标：参见 Yutaka Aoki and Debra J. Brody, "WIC Participation and Blood Lead Levels among Children 1–5, Years: 2007–2014", *Environmental Health Perspectives* 126(6) (June 2018), 1–6。

44. 合法驱逐穷人的现象越来越频繁了：参见 Matthew Desmond, *Evicted: Poverty and Profit in the American City* (New York: Broadway Books, 2016)。

45. 他发现有些城市里，租客被驱逐的频率可能是一年两次，甚至一年四次：参见 Matthew Desmond, Lavar Edmonds, Ashley Gromis, et al., "Top Evicting Large Cities in America", *Eviction Lab* (2018)。

46. "在发驱逐令的法庭，你听到最多的声音是纷乱而轻柔的"：参见 Desmond, *Evicted*, 97。

47. 有 230 万人收到了驱逐令：参见 Matthew Desmond and Colin Kinniburgh, "The Faces of Eviction", *Dissent* (Fall 2018), 33–41。

187

看不见的孩子

48. 2017 年有 33% 无家可归的流浪者是拖家带口的：参见 Meghan Henry, Rian Watt, Lily Rosenthal, and Azim Shivji, *2017 Annual Homeless Assessment Report to Congress* (Washington, DC: U.S. Department of Housing and Urban Development, 2017), 1。

49. 全美 2019 年会有 250 万儿童失去家园：参见 Family Promise, *Homelessness & Poverty Fact Sheet* (Summit, NJ: Family Promise, 2019)。

50. 纽约的公立小学中差不多有七分之一的孩子：参见 Institute for Children, Poverty & Homelessness, *On the Map: The Atlas of Student Homelessness in New York City 2017* (New York: Institute for Children, Poverty & Homelessness, 2017)。

51. 无家可归的孩子饿肚子的可能性两倍于有家的孩子：参见 National Center on Family Homelessness, *The Characteristics and Needs of Families Experiencing Homelessness* (Washington, DC: American Institutes for Research, 2008), 5。

52. 无家可归的儿童中，有三分之一被迫与自己的家人分开：参见 Douglas Walton, Michelle Wood, and Lauren Dunton, *Child Separation among Families Experiencing Homelessness* (Washington, DC: U.S. Department of Health and Human Services, 2018)。

53. 无家可归的儿童健康水平更差：参见 Linda J. Anooshian, "Violence and Aggression in the Lives of Homeless Children: A Review", *Aggression and Violent Behavior* 10 (2005), 129–152。

54. "对马克来说，每一天都是不一样的一天"：信息源于作者对劳伦的采访。

55. 布里安娜现在是个收入不错的社工：信息源于作者对布里安娜的采访。

56. 在田纳西州的莱克县，有 46% 的儿童生活在贫困之中：参见

188

"Tennessee: Children in Poverty", *County Health Rankings & Roadmaps* (Princeton, NJ: Robert Wood Johnson Foundation and University of Wisconsin Population Health Institute, 2019)。

57.　"有些只接受女性，而且带着的孩子不能超过5岁"：参见 Edin and Shaefer, *$2.00 a Day*, 104。

58.　在如今这个呼吁个人责任的时代真是没让人好过：参见 Ajay Chaudry, Juan Manuel Perdoza, Heather Sandtrom, Anna Danziger, et al., "Child Care Choices of Working Families" (Washington, DC: Urban Institute, 2011)。

59.　纽约已经开始为解决这个问题进行一些尝试：参见 National Institute for Early Education Research and CityHealth, *Pre-K in American Cities* (Bethesda, MD: de Beaumont Foundation, 2019)。这项研究的作者们在报告中总结道：

> 纽约为4岁儿童提供的学前教育服务可以更好地识别孩子在健康和身体方面的问题并尽早进行补救干预。参加过早期教育的孩子成人后的卫生行为更好、健康状况更佳，从而降低了医疗保健方面的开支。但在广泛普及高质量学前教育方面进展缓慢。
>
> 有两个城市是提供资金以使所有儿童都能参加学前教育的典范：华盛顿特区为几乎所有3—4岁的儿童提供学前教育服务；纽约目前覆盖几乎全部4岁的儿童，且正将覆盖面扩大至所有3岁的儿童。佛罗里达州、佐治亚州和俄克拉何马州的州政府为州立学前教育服务买单，因而在杰克逊维尔、亚特兰大以及塔尔萨的大部分4岁儿童都能接受学前教育。其他城市，如西雅图、哥伦布市、费城等都有计划首先针对低收入儿童，之后逐步面向所有人提供免费的学前教育服务。

189

60. 相比不贫困的女性，贫困的女性有更大可能诞下出生体重偏轻的婴儿：参见 Melissa L. Martinson and Nancy E. Reichman, "Socioeconomic Inequalities in Low Birth Weight in the United States, the United Kingdom, Canada, and Australia", *American Journal of Public Health* 106 (4) (April 2016), 748–754。

61. 黑人女性诞下低体重儿的比例：参见 Katelyn Newman, "Report: Pattern of Racial Disparity in Low Birthweight in U.S.", *U.S. News & World Report* (March 14, 2018)。亦见 *County Health Rankings & Roadmaps* (Princeton, NJ: Robert Wood Johnson Foundation and University of Wisconsin Population Health Institute, 2019)。

62. 密切追踪了克里斯·罗杰斯的案例：参见 Children's Defense Fund, *America's Cradle to Prison Pipeline* (Washington, DC: Children's Defense Fund, 2005), 109。

63. 至少一年间有部分时段是有医疗保险的：参见 Child Trends, *Health Care Coverage for Children* (Bethesda, MD: Child Trends, 2018), 1。

64. 这里的儿童贫困率超过 46%：参见 Lucy May, "New Census Data Show Child Poverty on the Rise in Cincinnati, Hamilton County", *WCPO Cincinnati*, WCPO.com (September 13, 2018)。

65. 从密度上说，美国西部和南部仍是美国最穷的地区：参见 Joseph Dalaker, *Poverty in the United States in 2017*, 7。

66. 他发现集中贫困的发生率又开始快速上升：参见 Paul Jargowsky, "The Architecture of Segregation", *Century Foundation: Race & Inequality* (August 7, 2015)。亦见 "New Data Reveals Huge Increases in Concentrated Poverty Since 2000", ibid. (August 9, 2015)。

67. 像这样把贫困人群隔离和集中安置在某一个街区严重加剧了贫困导致的种种不利：参见威尔逊影响力极大的著作 William Julius

Wilson, *The Truly Disadvantaged: The Inner City, the Underclass, and Public Policy* (Chicago: University of Chicago Press, 1987)。

68. 更高比例的黑人和拉丁裔儿童住在极度贫困的街区：参见 National Low Income Housing Coalition, "Population Living in High-Poverty Neighborhoods Almost Doubles since 2000", nlihc.org (August 17, 2015)。

69. 产生贫民窟最多的是较小型的都市：参见同上。参见 Jargowsky, "Architecture of Segregation"。

### 第三章　美国对贫困的态度

1. 美国工人的工资确实普遍高过旧世界国家：可参见如美国劳工部的公告 *Bulletin of the Department of Labor, No. 18—September 1898* (Washington, DC: U.S. Department of Labor, 1898), 668。1898 年发表的公告显示，1881 年英国的平均日薪为 1.37 美元；巴黎是 1.22 美元；比利时的列日是 63 美分——而当时在美国，平均日薪是 2.4 美元。这一出版物所调查的 1870 年到 1898 年期间的巨大收入差距，被反复提及。

2. "工业资本主义、城市化、更为严峻的贫困"：参见 Walter I. Trattner, *Poor Law to Welfare State: A History of Social Welfare in America* (New York: Free Press, 2007), 52。

3. "所有行为节制、生活节俭且愿意工作的人都不应因为失业而受苦"：Ibid., 54。

4. 一位走在时代前列的心理学家 G. 斯坦利·霍尔研究了儿童的发展：参见 Granville Stanley Hall, *Adolescence: Its Psychology and Its Relations to Physiology, Anthropology, Sociology, Sex, Crime, Religion and Education* (New York: Appleton, 1904)。亦见 Lorine Pruette, *G. Stanley Hall, A Biography of a Mind* (New York: Appleton, 1926),

191

以 及 Dorothy Ross, *G. Stanley Hall: The Psychologist as Prophet* (Chicago: University of Chicago Press, 1972)。

5. 1860 年到 1900 年期间有差不多 1 400 万：参见 Paul Spickard, *Almost All Aliens: Immigration, Race, and Colonialism in American History* (New York: Routledge, 2009), 235。

6. "无数家庭获得的薪水如此微薄"：参见 Robert Hunter, *Poverty* (New York: Macmillan, 1904), 47。

7. 1912 年，一群在社区之家工作的社工们整理出了一份清单：参见 Mike Wallace, *Greater Gotham: A History of New York City from 1898 to 1919* (New York: Oxford University Press, 2017), 578–579。

8. "新的政党已经成为美国的倡导者"：参见同上。

9. 富兰克林·罗斯福奉行 "小政府"：参见 Arthur M. Schlesinger Jr., *The Age of Roosevelt,* vol. 1: *The Crisis of the Old Order, 1919–1933*; vol. 2: *The Coming of the New Deal, 1933–1935*; vol. 3: *The Politics of Upheaval, 1935–1936* (New York: Houghton Mifflin, 1957; 1958; 1960)。

10. 到 1933 年，参加 CCC 的工人中仅有 5% 是黑人：参见 Harvard Sitkoff, *A New Deal for Blacks: The Emergence of Civil Rights as a National Issue; The Depression Decade* (New York: Oxford University Press, 1978), 39。

11. CCC 项目的负责人罗伯特·费克纳：参见 John C. Paige, *The Civilian Conservation Corps and the National Park Service, 1933–1942: An Administrative History* (Washington, DC: National Parks Service, 1985), 93–94。

12. 在绝大部分受到联邦政府资助的福利项目中，种族隔离都是常态：参见 Ira Katznelson, *When Affirmative Action Was White: An Untold History of Racial Inequality in Twentieth-Century America* (New York:

W. W. Norton, 2005), 140。

13. 黑人贷款：参见 Richard Rothstein, *The Color of Law: A Forgotten History of How Our Government Segregated America* (New York: Liveright, 2017)。

192　14. 各方游说造成了强大的压力：参见总统亲自提交的议案 *November 19, 1945: President Truman's Proposed Health Program* (Independence, MO: Harry S. Truman Presidential Library, 2006)。

15. 在共和党总统德怀特·艾森豪威尔的任期内，社会福利项目的覆盖范围扩大了不少：参见 Andrew Glass, "Eisenhower Approves Expanded Social Security Coverage, Sept. 1, 1954", *Politico* (September 1, 2018)。

16. 但这些公路是作为国防项目被介绍给国民的：参见 Tom Lewis, *Divided Highways: Building the Interstate Highways, Transforming American Life* (New York: Viking, 1997)。

17. "几乎人人都以为由于新政推广的社会法规"：参见 Dwight Macdonald, "Our Invisible Poor", *New Yorker*, January 11, 1963。

18. 哈佛大学的经济学家约翰·肯尼斯·加尔布雷思：参见 John Kenneth Galbraith, *The Affluent Society* (New York: Houghton Mifflin, 1958)。

19. 加尔布雷思计算得出的"13 个家庭中仅有一个"：Ibid., 252。

20. 约翰逊总统考虑到保守派的想法：参见 Gareth Davies, "War on Dependency: Liberal Individualism and the Economic Opportunity Act of 1964", *Journal of American Studies* 26 (2) (August 1992), 205–231。

21. "向贫困宣战"的具体措施包括关注贫困儿童学前教育的"开端计划"、"就业工作团"：参见 Martha J. Bailey and Nicole J. Duquette, "How Johnson Fought the War on Poverty: The Economics and

Politics of Funding at the Office of Economic Opportunity", *Journal of Economic History* 74 (2) (June 2014), 351–388。

22. 约翰逊还以立法的形式让食品券成为永久性的福利项目：参见 U.S. Department of Agriculture Food and Nutrition Service, "Short History of SNAP", 2。

23. 他拓宽了社会保障福利的覆盖范围：参见 Irving Bernstein, *Guns or Butter: The Presidency of Lyndon Johnson* (New York: Oxford University Press, 1996)。

24. "抚养未成年儿童家庭援助"（AFDC）的覆盖范围……在 1960 年代大幅增加：参见 Jill Quadagno, *The Color of Welfare: How Racism Undermined the War on Poverty* (New York: Oxford University Press, 1994), 119–121。

25. 萨金特·施赖弗声称美国应该设一个目标：参见 Indivar Dutta-Gupta, *The Unfinished War on Poverty* (Washington, DC: Center on Budget and Policy Priorities, 2012)。

26. 以一位专业分析师莫莉·奥尔尚斯基的研究为基础：参见 Gordon M. Fisher, *The Development of the Orshansky Poverty Thresholds and Their Subsequent History as the Official U.S. Poverty Measure* (Washington, DC: United States Census Bureau, 1997)。

27. 一条绝对的贫困线还有助于产生贫困率下降得很快的表象：参见 Alice O'Connor, *Poverty Knowledge: Social Science, Social Policy, and the Poor in Twentieth Century U.S. History* (Princeton, NJ: Princeton University Press, 2001), 154。

28. 奥尔尚斯基的贫困线在 1963 年的报告中首次被提出：参见 Fisher, *Development of the Orshansky Poverty Thresholds*, 6。亦见 Mollie Orshansky, "Children of the Poor", *Social Security Bulletin* 26 (7) (July 1963), 3–13, 以及 "Counting the Poor: Another Look at the Poverty

193

Profile", *Social Security Bulletin* 28 (1) (January 1965), 3-29。

29. 大约每隔 10 年到 20 年，贫困线都会有较大幅度的上升：参见 Oscar Ornati, *Poverty Amid Affluence: A Report on a Research Project Carried Out at the New School for Social Research* (New York: Twentieth Century Fund, 1966)。

30. "随着生活平均水准不断提高"：参见 Orshansky, "Children of the Poor", 3。

31. "制定这条线的难度不断增加"：参见 Mollie Orshansky, "Recounting the Poor—A Five-Year Review", *Social Security Bulletin* 29 (4) (April 1966), 20-37, 22。

32. "收入水平测度（或者贫困测度）应该随着整体生活水平的提升而改变"：参见 Robert Ball, *Memorandum to Wilbur J. Cohen, Under Secretary of Health, Education, and Welfare; Subject: Poverty Research—Your Memorandum of October 29* (Washington, DC: Social Security Administration, 1965)。转引自 Fisher, *Development of the Orshansky Poverty Thresholds*, 9。

33. "很容易发现的是……清晰明白地定义今日美国的贫困问题"：Ibid., 33。

34. 联邦政府拨出 1 680 亿美元：参见 Robert E. Wood, *From Marshall Plan to Debt Crisis: Foreign Aid and Development Choices in the World Economy* (Berkeley: University of California Press, 1986), 197。

35. 在刚启用的时候，OPM 差不多相当于普通家庭收入的一半：参见 National Center for Children in Poverty, "Researchers, Analysts Say Updated Poverty Gauge Long Overdue: Measurement Formula Unchanged Since 1960s", nccp.org (April 30, 2008)。

36. 当第一次正式发布补充性贫困测度方法时：参见 Fox, *Supplemental Poverty Measure: 2017*, 1。

194

37. 按全国补充性贫困测度算出的贫困门槛：Ibid., 23。

## 第四章　反福利依赖政策之共识

1. TANF 计划最终只覆盖了原本三分之一的家庭：参见 Child Trends, *Child Recipients of Welfare (AFDC/TANF): Indicators on Children and Youth* (Bethesda, MD: Child Trends, 2014), 2。

2. "劳动所得税扣抵制"或"收入税收抵免"最初由共和党提出：参见 Thomas L. Hungerford and Rebecca Thiess, *The Earned Income Tax Credit and the Child Tax Credit: History, Purpose, Goals, and Effectiveness* (Washington, DC: Economic Policy Institute, 2015)。

3. 例如国会议员罗·康纳就曾提议将低收入家庭的免税额度翻倍：参见 Chuck Marr, Emily Horton, and Brendan Duke, *Brown-Khanna Proposal to Expand EITC Would Raise Incomes of 47 Million Working Households* (Washington, DC: Center on Budget and Policy Priorities, 2017)。

4. 这一制度产生的税收支出……现下提供超过 600 亿美元的福利：参见 Heather Hahn, "Surprising Tax Fact: More Than One-Third of Federal Support for Children Comes through Tax Provisions", *Urban Wire: The Blog of the Urban Institute* (April 15, 2019)。

195

5. 开支从 1976 年的 260 亿美元下降：参见 Office of Human Services Policy, *Aid to Families with Dependent Children: The Baseline* (Washington, DC: U.S. Department of Health and Human Services, 1998), 63。

6. 2017 年，有大约 44% 有孩子的家庭能够从 EITC 中获益：参见 Hilary Hoynes, Jesse Rothstein, and Krista Ruffini, *Making Work Pay Better through an Expanded Earned Income Tax Credit* (Washington, DC: Hamilton Project and Brookings Institution, 2017), 4。

7. 随着收入增加，能够通过抵免获得的好处会越来越少：参见 Gene Falk and Margot L. Crandall-Hollick, *The Earned Income Tax Credit (EITC): An Overview* (Washington, DC: Congressional Research Service, 2018), 5。

8. 这两个福利项目加在一起已经使得 890 万人脱离了根据补充性贫困测度计算出的贫困线：参见 *Policy Basics: The Child Tax Credit* (Washington, DC: Center on Budget and Policy Priorities, 2019)。

9. 每一个未成年子女都能为整个家庭增加 2 000 美元抵税额度：参见 Internal Revenue Service, *Get Ready for Taxes: Here's How the New Tax Law Revised Family Tax Credits* (Washington, DC: Internal Revenue Service, 2018)。

10. 在此之前，凡是个人申报年收入总值达到 75 000 美元就无法再获得儿童抵税金额度了：参见同上。

11. 2017 年，儿童抵税金使得联邦政府少收了 500 亿美元税金：参见 Hoynes and Schanzenbach, "Safety Net Investments in Children", 5。

12. 到了 2018 年，1 004 亿美元：参见 Erica York, "Family Provisions in the New Tax Code", *Tax Foundation Fiscal Fact* 621 (October 2018), 5。

13. 有两个孩子的单身家长：参见 Internal Revenue Service, *Earned Income Credit: For Use in Preparing 2018 Returns* (Washington, DC: Internal Revenue Service, 2019)。

14. "福利体制改革以及无条件现金补助减少"：参见 Hoynes and Schanzenbach, "Safety Net Investments in Children", 29。

15. 总体来说，联邦政府近年来在儿童帮扶方面的支出：参见 Julia B. Isaacs, Cary Lou, Heather Hahn, Ashley Hong, Caleb Quakenbush, and G. Eugene Steuerle, *Kids' Share 2018: Report on Federal Expenditures on Children through 2017 and Future Projections* (Washington, DC: Urban Institute, 2018), 10。

看不见的孩子

16. 1990 年所有涉及儿童的福利项目：此处数据来源于 Julia B. Isaacs, Stephanie Rennane, Tracy Vericker, et al., "Trends in Outlays on Children as a Share of Total Budget Outlays", in *Kids' Share 2011: Report on Federal Expenditures on Children through 2010* (Washington, DC: Urban Institute, 2011), 18。

17. 联邦政府花在儿童身上的钱……：Ibid., 41。

18. 联邦政府在赡养老人方面的开支从 2013 年就已经上升到占 GDP 的 7.1%：此处数据来源于 Louis Jacobson, "Federal Spending on Old and Young, By the Numbers", *Politifact*, January 28, 2013。

19. 2018 年又提高到超过 GDP 的 9.3%：参见 Hoynes and Schanzenbach, "Safety Net Investments in Children", 3。

20. "联邦政府花在老年群体身上的钱从 1960 年到 2017 年一直在增加"：参见 Isaacs et al., *Kids' Share 2018*, 34。

21. 美国所有花在老年人身上的钱：参见 Julia B. Isaacs, *Spending on Children and the Elderly* (Washington, DC: Brookings Institution, 2009), 1。

22. 联邦政府每年少征收的税金中有大约 17 000 亿美元：此处数据来源于 Uwe Reinhardt, "Revenue Loss from Select Tax Expenditures", in Uwe Reinhardt, *Modeling Tax Deductibility as* Ad Valorem *Subsidies*, paper presented at Princeton University, Scholar.princeton. edu (Fall 2014)。

23. 从 1990 年的占了全部社会福利支出的 87% 下降：参见 Hoynes and Schanzenbach, "Safety Net Investments in Children", 26。

24. "福利体制改革尚未发生的 1992 年"：Ibid., 27。

25. "过去 20 年间，儿童扶贫基金的实际受益对象也发生了很大改变"：Ibid., 3。

26. 罗纳德·里根总统于 1983 年的评论：参见 Francis X. Clines, "President

Denies Blame for Deficit", *New York Times*, October 8, 1983。

27.　官方贫困率……在 1959 年是 22.4%：参见 Sheldon Danziger, Koji Chavez, and Erin Cumberworth, *Poverty and the Great Recession* (New York and Stanford, CA: Russell Sage Foundation and Stanford Center on Poverty and Inequality, 2012), 1。

28.　按非官方的 SPM 算法得出的儿童贫困率：Ibid., 3。亦见 Chad Stone, Danilo Trisi, Arloc Sherman, and Roderick Taylor, *A Guide to Statistics on Historical Trends in Income Inequality* (Washington, DC: Center on Budget and Policy Priorities, 2018)。

29.　菲尔德基金会……曾资助医疗观察团前往深南地区：参见 Marian Wright Edelman, "The Continuing Scourge of Poverty, Hunger and Hopelessness in Rich America", *Children's Defense Fund: Child Watch Column* (April 11, 2017)。

30.　哥伦比亚广播公司的一部电视纪录片用镜头记录了一个新生儿死于营养不良的案例：参见 David Martin Davies, "'Hunger in America': The 1968 Documentary That Exposed San Antonio Poverty", Texas Public Radio, TPR.org (June 8, 2018)。

31.　现在已经不那么容易看见浮肿的肚皮：参见 Michael B. Katz, *In The Shadow of the Poorhouse: A Social History of Welfare in America* (New York: Basic Books, 1996), 275。

32.　起初，受惠者需要自己出资购买食品券：参见 Robert Greenstein, *Commentary: SNAP's Bipartisan Legacy Can Serve as a Model* (Washington, DC: Center on Budget and Policy Priorities, 2017), 2。

## 第五章　"贫穷文化"

1.　奥斯卡·刘易斯在描写墨西哥、波多黎各时：参见 Oscar Lewis, *Five Families: Mexican Case Studies in the Culture of Poverty* (New

York: Basic Books, 1959); *La Vida: A Puerto Rican Family in the Culture of Poverty—San Juan and New York* (New York: Random House, 1966)。

2. "'贫穷文化'之所以很能感染人，是因为它提供了一种清晰的解释"：参见 Mark Gould, Kaaryn Gustafson, and Mario Luis Small, "Re-Evaluating the 'Culture of Poverty': Roundtable", in Stephen Suh and Kia Heise, eds., *The Society Pages* (October 14, 2014)。亦见 Kaaryn Gustafson, *Cheating Welfare: Public Assistance and the Criminalization of Poverty* (New York: NYU Press, 2012)。

3. "相异性，经常与贫困处境联系在一起"：转引自 Alice O'Connor, "Hedgehog Review's Fall Issue Ponders How We Think about the Poor", *UVA-Today*, November 7, 2014。

4. 他表示贫民窟的生活与美国其他人的生活"截然不同"：参见 Ken Auletta, *The Underclass* (New York: Random House, 1982)。

5. "贫民窟的生活与之相比可能要破败一千倍"：参见 Nicholas Lemann, "The Origins of the Underclass", *The Atlantic* (July 1986)。

6. "底层阶级的成员没有传统的工作观、金钱观、教育观和家庭观"：转引自 William Julius Wilson, "The American Underclass: Inner-City Ghettos and the Norms of Citizenship", lecture delivered at Harvard University (Cambridge, MA: April 26, 1988)。

7. "贫困和福利都是'暂时的'状态"：参见 O'Connor, *Poverty Knowledge*，252。

8. 很少有穷人会长期身处贫困状态之中的发现：参见 Greg Duncan, *Years of Poverty, Years of Plenty—The Changing Economic Fortunes of American Workers and Families* (Ann Arbor: Institute for Social Research at the University of Michigan, 1984)。

9. 他们占了当时福利制度中绝大部分的开支：参见 Mary Jo Bane

and David T. Ellwood, "Slipping Into and Out of Poverty: The Dynamics of Spells", *National Bureau of Economic Research Working Paper 1199* (September 1983), and *Journal of Human Resources* 21 (1) (Winter 1986), 1–23。

10.　"'贫穷文化'之争的后果是灾难性的"：参见 Mark Gould, Kaaryn Gustafson, and Mario Luis Small, "Re-Evaluating the 'Culture of Poverty': Roundtable", 5–6。

11.　莫伊尼汉推动了黑人文化的说法：参见 Godfrey Hodgson, *The Gentleman from New York: Daniel Patrick Moynihan; A Biography* (New York: Houghton Mifflin Harcourt, 2000); Stephen Hess, *The Professor and the President: Daniel Patrick Moynihan in the Nixon White House* (Washington, DC: Brookings Institution Press, 2014)。

12.　描写黑人家庭"混乱的反常"：参见 Daniel Patrick Moynihan, *The Negro Family: The Case for National Action* (Washington, DC: Office of Policy Planning and Research and United States Department of Labor, 1965)。

13.　"三个世纪的不公"：Ibid., 1。

14.　"强化黑人的家庭结构"：Ibid., 32。

15.　简单的事实就能反驳家庭破裂的理论：参见 Herbert Gutman, *The Black Family in Slavery and Freedom, 1750–1925* (New York: Pantheon, 1976)。

16.　在社会学家赫伯特·甘斯笔下，母系家庭"并没有被证实是反常的"：转引自 O'Connor, *Poverty Knowledge*, 208。

17.　黑人女性的子女中有接近四分之三：参见 Brooklynn K. Hitchens and Yasser Arafat Payne, "'Brenda's Got a Baby': Black Single Motherhood and Street Life as a Site of Resilience in Wilmington, Delaware", *Journal of Black Psychology* 43 (1) (January 2017), 50–76, 52。

18. 由无配偶的女性作为家长：参见同上。

19. 对黑人女性而言，未婚生子的比例从 1990 年左右开始就不再继续上升：参见 Child Trends, *Births to Unmarried Women* (Bethesda, MD: Child Trends, 2018), 1。

20. 如火如荼的社会福利权利运动促使她们申请全部可以获得的待遇：参见 Premilla Nadasen, *Welfare Warriors: The Welfare Rights Movement in the United States* (New York: Routledge, 2004); Felicia Kornbluh, *The Battle for Welfare Rights: Politics and Poverty in Modern America* (Philadelphia: University of Pennsylvania Press, 2007); Larry R. Jackson and William Arthur Johnson, *Protest by the Poor: The Welfare Rights Movement in New York City* (Lexington, MA: Lexington Books, 1974)。

21. 20 世纪 80 年代最不受欢迎的社会福利政策：参见 Steven V. Roberts, "Food Stamps Program: How It Grew and How Reagan Wants to Cut It Back", *New York Times*, April 4, 1981。

22. "三年内只能申领 SNAP 三个月"：参见 U.S. Department of Agriculture Food and Nutrition Service, "Able-Bodied Adults Without Dependents (ABAWDs)"。

23. AFDC 项目被 TANF 取代造成补助覆盖范围大幅缩水：参见 Robert A. Moffitt, "The Deserving Poor, the Family, and the U.S. Welfare System", *Demography* 52 (3) (June 2015), 729–749, 741。

24. 2015 年，TANF 的开销只占到联邦政府总开支的 0.54%：参见 Melissa Kearney, "Welfare and the Federal Budget", *Econofact*, July 25, 2017。

25. 2015 年领取 TANF 补助的家庭只占所有贫困家庭的 23%：参见 Nisha G. Patel, "Strengthening the TANF Program: Putting Children at the Center and Increasing Access to Good Jobs for Parents".

200

Testimony before the Subcommittee on Human Resources, Committee on Ways and Means (Washington, DC: United States House of Representatives, May 9, 2018), 6。

26. 在 14 个州里，只有 10%：参见 Ife Floyd, *Trump's TANF Cuts Would Hurt the Poorest Families, and States Might Make Them Worse* (Washington, DC: Center on Budget and Policy Priorities, 2017)。

27. 原本福利项目的补助额度：参见 Ife Floyd and Liz Schott, *TANF Benefits Fell Further in 2011 and Are Worth Much Less than in 1996 in Most States* (Washington, DC: Center on Budget and Policy Priorities, 2011), 1。

28. 不超过官方贫困线的 60%：参见 Ashley Burnside and Ife Floyd, *TANF Benefits Remain Low Despite Recent Increases in Some States*, 1。

29. 平均来说，一个符合标准的三口之家：参见 *Chart Book: Temporary Assistance for Needy Families* (Washington, DC: Center on Budget and Policy Priorities, 2018), 6。

30. 将 SNAP 和 TANF 福利加在一起：参见 Burnside and Floyd, *TANF Benefits Remain Low*, 1。

31. 美国人"对穷人抱有一种负面的观点"：参见 Max Rose and Frank R. Baumgartner, "Framing the Poor: Media Coverage and U.S. Poverty Policy, 1960–2008", *Policy Studies Journal* 41 (1) (February 2013), 22–53, 42。

32. 有 70.1% 参与调研的法国人选择了"社会不公"：参见 Dorota Lepianka, John Gelissen, and Wim van Oorschot, "Popular Explanations of Poverty in Europe: Effects of Contextual and Individual Characteristics across 28 European Countries", *Acta Sociologica* 53 (1) (March 2010), 53–72, 63。

看不见的孩子

### 第六章　种族主义与贫困问题

1. "额头歪斜和容貌丑陋的凯尔特猿人"：参见 Christopher Klein, "When America Despised the Irish: The 19th Century's Refugee Crisis", History.com (March 14, 2019)。

2. 多罗西娅·兰格拍摄的、广为流传的照片：参见 Milton Metlzer, *Dorothea Lange: A Photographer's Life* (Syracuse, NY: Syracuse University Press, 2000); Judith Keller, *In Focus: Dorothea Lange——Photographs from the J. Paul Getty Museum* (Los Angeles: Getty Publications, 2002)。

3. 仅有一处提到了黑人的贫困问题：参见 Isaac Max Rubinow, *The Quest for Security* (New York: Henry Holt, 1934), 161。

4. 肯尼迪总统和约翰逊总统相继签发了行政命令：参见 Jackie Mansky, "The Origins of the Term 'Affirmative Action'", *Smithsonian* magazine, Smithsonian.com (June 22, 2016)。

5. "1966 年，全美发生了 43 次种族暴乱"：参见 Richard D. Kahlenberg, "The Inclusive Populism of Robert F. Kennedy", *Century Foundation: Democracy* (March 16, 2018)。

6. "几十年来，美国人基本都以自身的财产权益为准投票"：参见 Richard M. Scammon and Ben J. Wattenberg, *The Real Majority: An Extraordinary Examination of the American Electorate* (New York: Coward, McCann & Geoghegan, 1970), 20 and 39。

7. 严肃地提出要争取经济平等：参见 Sylvie Laurent, *King and the Other America: The Poor People's Campaign and the Quest for Economic Equality* (Berkeley: University of California Press, 2018)。

8. "跑去支持民主党的南方黑人越多"：参见 James Boyd, "Nixon's Southern Strategy: 'It's All in the Charts'", *New York Times*, May 17, 1970。

9. 42% 的穷人是白人：参见 Alan Berube, *The Continuing Evolution of American Poverty and Its Implications for Community Development* (Washington, DC: Brookings Institution, 2016), 61。

10. 有大约三分之一的黑人儿童身处贫困之中：参见 *Child Poverty in America 2017: National Analysis* (Washington, DC: Children's Defense Fund, 2018), 1。

11. 所有儿童中，有 8% 生活在收入不足官方贫困线一半的家庭中：参见 Child Trends, "Key Facts About Child Poverty", *Children in Poverty* (January 28, 2019)。

12. 这些孩子中有大约 210 万还不足 5 岁：参见 *Supporting Young Children: Addressing Poverty, Promoting Opportunity, and Advancing Equity in Policy* (Washington, DC: Center for the Study of Social Policy, 2018), 2。

13. 大约 15% 的黑人儿童和 10% 的拉丁裔儿童生活在赤贫之中：参见 Child Trends, "Key Facts About Child Poverty", 3。

14. 2010 年，白人占全美总人口的 64%：参见 Arloc Sherman, Robert Greenstein, and Kathy Ruffing, *Contrary to "Entitlement Society" Rhetoric, Over Nine-Tenths of Entitlement Benefits Go to Elderly, Disabled, or Working Households* (Washington, DC: Center on Budget and Policy Priorities, 2012)。

15. "全美所有穷人中"：参见 Martin Gilens, *Why Americans Hate Welfare: Race, Media, and the Politics of Antipoverty Policy* (Chicago: University of Chicago Press, 1999), 68。

16. "30 个地址，12 张社保卡"：转引自 David Zucchino, *Myth of the Welfare Queen: A Pulitzer Prize–winning Journalist's Portrait of Women on the Line* (New York: Scribner, 1997), 65。

17. 这些公寓中只有 15% 有那么高的屋顶：参见 "'Welfare Queen'

203

Becomes Issue in Reagan Campaign", *New York Times*, February 15, 1976。

18. 意识形态"巨著"：参见 George Gilder, *Wealth and Poverty* (New York: Basic Books, 1981)。

19. 还有一本影响力更大的畅销书《迷失之地》：参见 Charles Murray, *Losing Ground: American Social Policy, 1950–1980* (New York: Basic Books, 1984)。

20. 政府福利的价值根据通货膨胀调整：参见 U.S. Department of Health and Human Services, "Trends in AFDC and Food Stamp Benefits, 1972–1994", *ASPE Research Notes* (May 1995), 1–5。

21. 书中宣称……黑人天生智商较低：参见 Charles Murray and Richard Herrnstein, *The Bell Curve: Intelligence and Class Structure in American Life* (New York: Free Press, 1994)。

22. "收集非洲黑人平均智商数据的难度比想象中更高"：Ibid., 289。

23. "你根本想象不到吧，因为这种事是没法说出来的"：参见 Charles Murray, "Deeper into the Brain", *National Review*, January 24, 2000。

24. "哪怕这本书里只有一半甚至四分之一经得住考验"：转引自 Jonathan Tilove, "Charles Murray's 'Bell Curve' Reveals Republican Fissures on Race", Newhouse News Service, January 29, 1995。

25. 尽管领取 AFDC 补助的家庭所占比例翻了三倍：参见 Gilens, *Why Americans Hate Welfare,* 18–19。

26. 在 20 世纪 90 年代中期，个人平均每个月能够领到的食品券不过大约 70 美元：参见 Office of Human Services Policy, *Aid to Families with Dependent Children: The Baseline*, 126。

27. 有 60% 到 70% 的受访者认为美国在社会福利方面花的钱太多了：参见 Gilens, *Why Americans Hate Welfare*, 28。

28. "种族主义姿态会对反社会福利造成深远的影响"：Ibid., 5。

204

29. 他分析了媒体对于贫困问题的报道：Ibid., 111。

30. 之前一直被视而不见：Ibid., 113。

31. 报道中的白人穷人面孔会略略多上一些：Ibid., 122。

32. 在所有关于贫困问题的媒体报道中，有 57% 以黑人为主人公：Ibid., 146。

33. 失业成了全美最重大的三个问题之一：Ibid., 136。

34. "'他们自身不够努力'"：Ibid., 139。

35. 学者巴斯·冯·多恩跟进了马丁·吉伦斯的研究成果：参见 Bas W. van Doorn, "Pre- and Post-Welfare Reform Media Portrayals of Poverty in the United States: The Continuing Importance of Race and Ethnicity", *Politics & Policy* 43 (1) (February 2015), 142–162。

36. 如理查德·罗斯坦所总结的：参见"第三章　美国对贫困的态度"注释第 13 条。

37. 历史学家和政治学家艾拉·卡茨尼尔森的《当平权行动只惠及白人》：参见"第三章　美国对贫困的态度"注释第 12 条。

38. 低收入的美国人能够实际到手的工资越来越低了：参见 National Employment Law Project, *Occupational Wage Declines Since the Great Recession* (New York: National Employment Law Project, 2015)。

## 第七章　苦难与贫穷

1. "更新贫困测度数据将会改变我们对贫困人口规模的看法"：参见 Denton R. Vaughan, *Exploring the Use of the Views of the Public to Set Income Poverty Thresholds and Adjust Them over Time* (Washington, DC: United States Census Bureau, 2004), 33。

2. 2017 年有 8% 的儿童，即约有 600 万人：此处数据来源于 Child Trends, "Key Facts about Child Poverty", *Children in Poverty*

205

(January 28, 2019)。亦见 "Child Population by Age Group in the United States", *Kids Count Data Center* (Baltimore: Annie E. Casey Foundation, 2018)。

3.　按 SPM 的统计，只有 4.8% 的儿童身处赤贫状态：参见 Fox, *Supplemental Poverty Measure: 2017*, 7。

4.　美国的典型（中位数）贫困儿童：参见 *Measuring Child Poverty: New League Tables of Child Poverty in the World's Rich Countries, Report Card 10* (Florence, Italy: UNICEF Innocenti Research Centre, 2012), 14。

5.　大概有 150 万家庭的成员每天仅靠 2 美元生活：参见 Shaefer, *$2.00 a Day*, xvii。

6.　"假如……社会安全网还能……那样有效"：参见 Arloc Sherman, Danilo Trisi, *Safety Net for Poorest Weakened after Welfare Law but Regained Strength in Great Recession, at Least Temporarily: A Decade after Welfare Overhaul, More Children in Deep Poverty* (Washington, DC: Center on Budget and Policy Priorities, 2015), 1。

7.　大部分合法移民被排除在领取名单之外：参见 U.S. Department of Agriculture Food and Nutrition Service, "Short History of SNAP", 8。

8.　一项针对纽约有孩子的家庭进行的研究尤其令人担忧：参见 Christopher Wimer, Sophie Collyer, Irwin Garfinkel, Matthew Maury, Kathryn Neckerman, et al., *The Persistence of Disadvantage in New York City: A Three-Year Perspective from the Poverty Tracker* (New York: Columbia Population Research Center, 2016)。

9.　差不多四分之三低收入的纽约人：参见 Apurva Mehrotra and Nancy Rankin, *The Unheard Third: 2011* (New York: Community Service Society, 2012), 4。

10. 一些有名的学者曾拒绝承认两者之间存在关联：参见 Ajay Chaudry and Christopher Wimer, "Poverty is Not Just an Indicator: The Relationship Between Income, Poverty, and Child Well-Being", *Academic Pediatrics* 16 (3S) (April 2016), S23–S29。

11. 就物质剥夺进行调研：参见 Romina Boarini and Marco Mira d'Ercole, *Measures of Material Deprivation in OECD Countries* (Paris: OECD, 2006)。

12. 2015 年，生活在贫困线下的儿童中有 43.5%：参见 Child Trends, "Percentage of Children (Ages 0–17) in Food-Insecure Households: Selected Years, 1995–2016"。

13. 家庭收入相当于官方贫困线的 1.3 倍：参见 Coleman-Jensen, Rabbitt, Gregory, and Singh, *Household Food Security in the United States in 2017,* 14。

14. 全美所有有 18 岁以下儿童的家庭中，大约有 1%：参见 Child Trends, *Food Insecurity* (September 17, 2018), 1。

15. 家庭处于低食物安全状态会造成潜在的坏影响：参见 Maureen Black, "Household Food Insecurities: Threats to Children's Well-Being", *The SES Indicator, American Psychological Association* (June 2012), 1–5。

16. 他们比其他孩子少认识很多字词：参见 Anya Kamenetz, "Let's Stop Talking about the '30 Million Word Gap'", *All Things Considered*, NPR.org (June 1, 2018)。

17. 贫困儿童有学习障碍的可能性是一般儿童的 1.3 倍：参见 Jeanne Brooks-Gunn and Greg J. Duncan, "The Effects of Poverty on Children", *The Future of Children* 7 (2) (Summer-Autumn 1997), 55–71。

18. 平均智商会低 6 个到 13 个百分点：参见同上。

206

看不见的孩子

19. 神经学的研究是建立在一个假设之上的：参见 Sara B. Johnson, Anne W. Riley, Douglas A. Granger, and Jenna Riis, "The Science of Early Life Toxic Stress for Pediatric Practice and Advocacy", *Pediatrics* 131 (2) (February 2013), 319–327。

20. "反复发生的身体及／或精神摧残"：参见 Jack P. Shonkoff, W. Thomas Boyce, and Bruce S. McEwen, "Neuroscience, Molecular Biology, and the Childhood Roots of Health Disparities: Building a New Framework for Health Promotion and Disease Prevention", *JAMA: Journal of the American Medical Association* 301 (21) (June 2009), 2252–2259。

21. 破坏"大脑结构的发展"：参见 Jack P. Shonkoff, "The Neurobiology of Early Childhood Development and the Foundation of a Sustainable Society", in *Investing Against Evidence: The Global State of Early Childhood Care and Education* (Paris: UNESCO, 2015)。

22. 大脑皮层中"灰质"减少：参见 Nicole L. Hair, Jamie L. Hanson, Barbara L. Wolfe, and Seth D. Pollak, "Association of Child Poverty, Brain Development, and Academic Achievement", *JAMA Pediatrics* 169 (9) (September 2015), 822–829。

23. 一项美国国立卫生研究院的研究以核磁共振的方式为基础：参见 Clancy Blair and C. Cybele Raver, "Poverty, Stress, and Brain Development: New Directions for Prevention and Intervention", *Academic Pediatrics* 16 (3S) (April 2016), S30–S36。

24. 对位于最贫穷街区的学校所发的补助不到税收的 15%：参见 Laura Bliss, "Watch Poverty in School Districts Escalate before Your Very Eyes", *CityLab*, August 26, 2015。

25. 全美超过 50% 的公立学校学生：参见 *A New Majority: Low-Income Students Now a Majority in the Nation's Public Schools* (Atlanta:

Southern Education Foundation, 2015)。

26. 白人学生中去这种学校的人数只占总数的 8%：参见 National Center for Education Statistics, "Percentage Distribution of Public School Students, By Student Race/Ethnicity and School Poverty Level: School Year 2015–2016", *Fast Facts* (2018)。

27. 在所有低收入家庭的孩子中，有 40% 上的是"赤贫学校"：参见 Tanvi Misra, "The Stark Inequality of U.S. Public Schools, Mapped", *CityLab,* May 14, 2015。

28. "最需要资源的孩子们集中在最缺乏资源来满足他们需求的学校里"：参见 Reed Jordan, "High-Poverty Schools Undermine Education for Children of Color", *Urban Wire: The Blog of the Urban Institute* (May 19, 2015)。亦见 Misra, "Stark Inequality"。

29. 对单亲家庭而言更为精确的贫困线是 39 460 美元：此处数据来源于 Office of the Assistant Secretary for Planning and Evaluation, "HHS Poverty Guidelines for 2019", aspe.hhs.gov (February 1, 2019)。

30. 2012 年全美最穷的十个学区：参见 Michael B. Sauter, Thomas C. Frohlich, Samuel Stebbins, and Evan Comen, "Richest and Poorest School Districts", *24/7 Wall Street*, September 25, 2015。

31. 最近的一次全国人口普查中，有 100 万儿童没有被计入：参见 William P. O'Hare, Yeris Mayol-Garcia, Elizabeth Wildsmith, and Alicia Torres, *The Invisible Ones: How Latino Children Are Left Out of Our Nation's Census Count* (Bethesda, MD: Child Trends Hispanic Institute, 2016), 4。

32. 贫困线有三种：参见 Peter Townsend, *Poverty in the United Kingdom: A Survey of Household Resources and Standards of Living* (New York and Middlesex, UK: Penguin, 1979)。

208

33. 这个国家需要制定一个绝对贫困预算：参见 Tiago Mendonça dos Santos, "Poverty as Lack of Capabilities: An Analysis of the Definition of Poverty of Amartya Sen", *PERI* 9 (2) (2017), 107–124。

34. "在所有人口中，无论个人、家庭还是群体"：参见 Townsend, *Poverty in the United Kingdom*, 31。

35. 他们的"家庭财产、住房、邻里"：参见 Kurt Bauman, Adam Carle, and Kathleen Short, "Accessing the Adult Wellbeing Topical Module in the Survey of Income and Program Participation (SIPP)", paper presented at the 29th General Conference of the International Association for Research in Income and Wealth (Joensuu, Finland, August 20–26, 2006), 17。

36. 森的需求列表中包括"维持生命"：转引自 Wiebke Kuklys and Ingrid Robeyns, "Sen's Capability Approach to Welfare Economics", paper presented to the Committee on Women, Population, and the Environment, *CWPE* 0415 (February 2004), 5。

37. "与主流生活水平维持同步增长"：参见 Shawn Fremstad, *A Modern Framework for Measuring Poverty and Basic Economic Security* (Washington, DC: Center for Economic and Policy Research, 2010), 16。

38. 美国民众认为贫困线应该定在 33 000 美元左右一年：参见 American Enterprise Institute and Los Angels Times, *2016 Poverty Survey: Attitudes toward the Poor, Poverty, and Welfare in the United States* (Princeton, NJ: Princeton Survey Research Associates International, 2016), 7。

39. 按弗雷姆斯塔德的计算，将家庭收入中位数的 50% 作为贫困线：参见弗雷姆斯塔德与本书作者在 2019 年 4 月 23 日和 25 日互通的电子邮件。

40. 逐渐地，数以百万计的人：参见 Annie Carney, "Plan to Alter How Poverty Is Calculated by Census", *New York Times,* April 8, 2019, A18; Arloc Sherman and Paul M. Van de Water, "Reducing Cost-of-Living Adjustment Would Make Poverty Line a Less Accurate Measure of Basic Needs" (Washington, DC: Center for Budget and Policy Priorities, June 11, 2019)。

### 第八章 金钱亦重要

1. 但是，近期研究越来越说明低收入本身才是关键：参见"第一章 看不见的美国人"注释第 9 条、第 10 条。

2. "家庭收入似乎会同时导致一系列不同的结果"：参见 Kerris Cooper and Kitty Stewart, *Does Money Affect Children's Outcomes? A Systematic Review* (York, UK: Joseph Rowntree Foundation, 2013), 37。

3. "由于营养不良；缺乏学习经验"：参见 Brooks-Gunn and Duncan, "Effects of Poverty on Children", 56。

4. 新的研究关注三个渠道：参见 Cooper and Stewart, *Does Money Affect Children's Outcomes?*, 45。

5. 金钱可以降低家庭承受的压力：Ibid., 39。

6. 金钱还能帮助父母提供条件：参见同上。

7. 缺钱将影响穷孩子们的能力：参见"第一章 看不见的美国人"注释第 5 条。

8. 孩子们生活在贫困线下的时间越长：参见 Robert L. Wagmiller Jr. and Robert M. Adelman, *Childhood and Intergenerational Poverty: The Long-Term Consequences of Growing Up Poor* (New York: National Center for Children in Poverty, 2009), 5; Priyanka Boghani, "How

Poverty Can Follow Children Into Adulthood", *Frontline*, PBS. org (November 22, 2017)。

9. 20 个孩子里有一个甚至有十年或者更长的时间都生活在贫困之中：参见 Mark Greenberg, Indivar Dutta Gupta, and Elisa Minoff, *From Poverty to Prosperity: A National Strategy to Cut Poverty in Half—Report and Recommendations of the Center for American Progress Task Force on Poverty* (Washington, DC: Center for American Progress, 2007), 2。

10. 到了 50 岁，曾经历过贫困的人：参见 "Disease Prevalence at Age 50 Years, by Birth Weight and Childhood Socioeconomic Conditions: Panel Study of Income Dynamics, 1968—2007", in Rucker C. Johnson and Robert F. Schoeni, "Early-Life Origins of Adult Disease: National Longitudinal Population-Based Study of the United States", *American Journal of Public Health* 101 (12) (December 2011), 2317–2324, 2320。

11. 中风和心脏病发作的概率要高 71%：参见同上。

12. "父母的收入对孩子的未来并没有……那么重要"：参见 Susan E. Mayer, *What Money Can't Buy: Family Income and Children's Life Chances* (Cambridge, MA: Harvard University Press, 1997), 2–3。

13. "从统计角度出发，母亲在孩子出生时的年龄"：参见 Brooks-Gunn and Duncan, "Effects of Poverty on Children", 56。

14. 那些出生时家庭收入相对更高的孩子：参见 Greg J. Duncan, W. Jean Yeung, Jeanne Brooks-Gunn, and Judith R. Smith, "How Much Does Childhood Poverty Affect the Life Chances of Children?", *American Sociological Review* 63 (3) (June 1998), 406–423。

15. 研究者们估算了可以得到多少益处：参见 H. Luke Shaefer, Sophie Collyer, Greg Duncan, Kathryn Edin, Irwin Garfinkel, David Harris, Timothy M. Smeeding, et al., "A Universal Child Allowance: A Plan to Reduce Poverty and Income Instability among Children

211

in the United States", 28。

16. 一项研究还指出新生婴儿的体重也要更重一些：参见 Kate W. Strully, David H. Rehkopf, and Ziming Xuan, "Effects of Prenatal Poverty on Infant Health: State Earned Income Tax Credits and Birth Weight", *American Sociological Review* 75 (4) (August 2010), 534–562。

17. 这其实就是 EITC 的前身：参见 Thomas L. Hungerford and Rebecca Thiess, *The Earned Income Tax Credit and the Child Tax Credit: History, Purpose, Goals, and Effectiveness,* 2。亦见 Robert J. Lampman, "Nixon's Family Assistance Plan", *Institute for Research on Poverty Discussion Paper* 57–69 (Madison: University of Wisconsin, 1969)。亦见 John F. Cogan, "Labor Supply and Negative Income Taxation: New Evidence from the New Jersey-Pennsylvania Experiment", *Economic Inquiry* 21 (4) (October 1983), 465–484，以 及 Robert A. Moffitt, "The Negative Income Tax: Would It Discourage Work?", *Monthly Labor Review* 104 (4) (April 1981), 23–27。

18. 每一个切罗基族部落成员都能获得一部分：参见 Randall K. Q. Akee, William E. Copeland, Gordon Keeler, Adrian Angold, and Jane E. Costello, "Parents' Incomes and Children's Outcomes: A Quasi-Experiment Using Transfer Payments from Casino Profits", *American Economic Journal: Applied Economics* 2(1) (January 2010), 86–115。亦见 Robin J. Anderson, "Tribal Casino Impacts on American Indians' Well-Being: Evidence from Reservation-Level Census Data", *Contemporary Economic Policy* 31(2) (2013), 291–300, 以 及 Jonathan B. Taylor and Joseph P. Kalt, *American Indians on Reservations: A Databook of Socioeconomic Change between the 1990*

212

and 2000 Censuses (Cambridge, MA: Harvard Project on American Indian Economic Development, 2005)。

19.　在名为"最低收入计划"的保障下：参见 David Calnitsky, "'More Normal than Welfare': The Mincome Experiment, Stigma, and Community Experience", *Canadian Review of Sociology* 53 (1) (February 2016), 26–71, 以及 CBC News, "1970s Manitoba Poverty Experiment Called a Success", CBC.ca (March 25, 2010)。亦见 Evelyn L. Forget, "The Town with No Poverty: The Health Effects of a Canadian Guaranteed Annual Income Field Experiment", *Canadian Public Policy* 37 (3) (September 2011), 283–305，以及 Wayne Simpson, Greg Mason, and Ryan Godwin, "The Manitoba Basic Annual Income Experiment: Lessons Learned 40 Years Later", *Canadian Public Policy* 43 (1) (March 2017), 85–104。

20.　研究者们发现了积极的结果：参见 Lauren E. Jones, Kevin S. Milligan, and Mark Stabile, "Child Cash Benefits and Family Expenditures: Evidence from the National Child Benefit", 1–41。

21.　由伦敦政治经济学院的研究者们进行：参见 Cooper and Stewart, *Does Money Affect Children's Outcomes?*

22.　一项在2016年发表的研究报告：参见 Anna Aizer, Shari Eli, Joseph Ferrie, and Adriana Lleras-Muney, "The Long-Run Impact of Cash Transfers to Poor Families", *American Economic Review* 106 (4) (April 2016), 935–971。

23.　根据更早期调研中的一项，低收入家庭的花费：参见 Greg J. Duncan and Richard J. Murnane, "Rising Inequality in Family Incomes and Children's Educational Outcomes", *RSF: The Russell Sage Foundation Journal of the Social Sciences* 2 (2) (May 2016), 145。

24.　有四分之一的儿童虐待是有原因的：参见 Dan Brown and Elisabetta

213

De Cao, "The Impact of Unemployment on Child Maltreatment in the United States", *Department of Economics Discussion Paper Series* 837 (Oxford, UK: Oxford University, 2017)。

25. 当 EITC 的额度增加时，儿童虐待的发生率下降了：参见 Lawrence M Berger, Sarah A. Font, Kristen S. Slack, and Jane Waldfogel, "Income and Child Maltreatment in Unmarried Families: Evidence from the Earned Income Tax Credit", *Review of Economics of the Household* 15 (4) (December 2017), 1345–1372。

26. 当收入增加，父母会花更多钱给孩子购买服装、玩具：参见 Paul Gregg, Jane Waldfogel, and Elizabeth Washbrook, "Family Expenditures Post-Welfare Reform in the UK: Are Low-Income Families Starting to Catch Up?", *Labour Economics* 13 (6) (December 2006), 721–746。

27. "我们得到了几个主要结论"：参见 Hirokazu Yoshikawa, J. Lawrence Aber, and William Beardslee, "The Effects of Poverty on the Mental, Emotional, and Behavioral Health of Children and Youth: Implications for Prevention", *American Psychologist* (May-June 2012), 272–284。

28. 弥平成就差距的一半：参见 Cooper and Stewart, *Does Money Affect Children's Outcomes?*, 35。

### 第九章　不应首先关注穷人的行为

1. 贫困的源头往往绕不开贫困的未婚妈妈：参见 Isabel V. Sawhill and Ron Haskins, *Work and Marriage: The Way to End Poverty and Welfare* (Washington, DC: Brookings Institution, 2003)。

2. "在减少儿童贫困方面，没有哪一种政府福利项目会像婚姻一样有用"：参见 Isabel Sawhill, "20 Years Later, It Turns Out

看不见的孩子

Dan Quayle Was Right about Murphy Brown and Unmarried Moms", *Washington Post*, May 25, 2012。

3. 甚至就连索希尔也不得不承认，"未满 30 岁的女性"：参见同上。

4. 就非婚生育提出了另一种可能性：参见 George A. Akerlof and Janet L. Yellen, *An Analysis of Out-of-Wedlock Births in the United States* (Washington, DC: Brookings Institution, 1996)。

5. "美国的非婚生育率不断增加"：参见 Peter Edelman, *So Rich, So Poor: Why It's So Hard to End Poverty in America* (New York: New Press, 2013), 38。

6. 在 2017 年完成了这项比较研究：参见 David Brady, Ryan M. Finnigan, and Sabine Hübgen, "Rethinking the Risks of Poverty: A Framework for Analyzing Prevalences and Penalties", *American Journal of Sociology,* November 2017, 740–786。

7. "学者们一般都会问，为什么穷人不结婚"：Ibid., 770。

8. 至于单身女性成为一家之主问题：Ibid., 750。

9. "仅与单亲妈妈一起生活……的［美国］孩子的比例"：参见 Patrick Heuveline and Matthew Weinshenker, "The International Poverty Gap: Does Demography Matter?", *Demography* 45 (1) (February 2008), 173–191, 179。

10. "如果你没有高中文凭"：参见 David Brady, Ryan M. Finnigan, and Sabine Hübgen, "Single Mothers Are Not the Problem", *New York Times,* February 10, 2018。

11. "我们磕磕绊绊地进行了重大的社会变革"：参见 PBS, "Daniel Patrick Moynihan Interview", PBS.org (2001)。

12. "所有生活在贫困线下……的家长中"：参见 Shawn Fremstad, *Married … without Means: Poverty and Economic Hardship Among Married Americans* (Washington, DC: Center for Economic and

Policy Research, 2012), 1。

13.  "问题在于没有证据"：转引自 Emily Badger, "It's Time to Stop Blaming Poverty on the Decline in Marriage", *CityLab,* January 8, 2014。

### 第十章　该做些什么

1.  奥地利、比利时、保加利亚、加拿大：参见 Horacio Levy, Manos Matsaganis, and Holly Sutherland, "Towards a European Union Child Basic Income? Within and Between Country Effects", *International Journal of Microsimulation* 6 (1) (2013), 64。

2.  2016 年，加拿大每位 6 岁以下的儿童最低能够领取相当于 4 935 美元的儿童津贴：参见 "Canada Child Benefit", Canada.ca (April 17, 2018)。

3.  比利时布鲁塞尔的两孩家庭津贴……在德国：参见 "Child Benefit Calculator", MyFamily.be (May 4, 2019), 以及 "How to Calculate Child Benefit ('Kindergeld') in Germany", lawyerdb. de (May 4, 2019)。

4.  在爱尔兰……在荷兰：参见 "Child Benefit", CitizensInformation.ie (March 26, 2019), 以及 "Child Benefit: How Much Child Benefit Will You Get?" SVB.nl (May 4, 2019)。

5.  满足孩子们需求方面的开支大幅增加：参见 Gregg, Waldfogel, and Washbrook, "Family Expenditures Post-Welfare Reform in the UK", 721–746。

6.  大部分钱都花在了工作相关的支出上：参见 Neeraj Kaushal, Qin Gao, and Jane Waldfogel, "Welfare Reform and Family Expenditures: How Are Single Mothers Adapting to the New Welfare and Work Regime?", *Social Science Review* 81 (3), 369–396。

7.  保守派更倾向于减少政府对贫困人群颐指气使的控制：参见 Samuel Hammond and Robert Orr, *Toward a Universal Child Benefit* (Washington, DC: Niskanen Center, 2016)。

8.  为美国所有 21 岁以上的国民每人每年发放现金补助 10 000 美元：参见 Charles Murray, *In Our Hands: A Plan to Replace the Welfare State* (Washington, DC: AEI Press, 2006)。

9.  免费、公立的初等义务教育：参见 Michael S. Katz, *A History of Compulsory Education Laws* (Bloomington, IN: Phi Delta Kappa Educational Foundation, 1976)。

10. 无条件的儿童补助，与之形成对照的是很多拉丁美洲国家的做法：参见 Laura G. Dávila Lárraga, *How Does Prospera Work? Best Practices in the Implementation of Conditional Cash Transfer Programs in Latin America and the Caribbean* (Washington, DC: Inter-American Development Bank, 2016)。

11. "华盛顿在扶贫项目方面的开支以万亿计"：转引自 Robert Greenstein, *Welfare Reform and the Safety Net: Evidence Contradicts Likely Assumptions behind Forthcoming GOP Poverty Plan* (Washington, DC: Center on Budget and Policy Priorities, 2016)。

12. 社会福利项目对美国人的工作意愿所产生的影响其实非常小：参见 Robert Moffitt, "An Economic Model of Welfare Stigma", *American Economic Review* 73 (5) (December 1983), 1023–1035. 亦见 Sherman, Greenstein, and Ruffing, *Contrary to "Entitlement Society" Rhetoric*。

13. 特朗普麾下的白宫经济学家撰写了有关贫困问题的报告：参见 Council of Economic Advisers, *Expanding Work Requirements in Non-Cash Welfare Programs* (Washington, DC: Executive Office of the President of the United States, 2018)。

14. 有 60% 的医疗补助受惠者有全职或者兼职工作：参见 Rachel Garfield,

216

Robin Rudowitz, and Anthony Damico, *Understanding the Intersection of Medicaid and Work* (San Francisco: Henry J. Kaiser Family Foundation, 2018)。

15. 超过六个拨发现金津贴的发展中国家：参见 Abhijit Banerjee, Rema Hanna, Gabriel Kreindler, and Benjamin A. Olken, *Debunking the Stereotype of the Lazy Welfare Recipient: Evidence from Cash Transfer Programs Worldwide* (Cambridge, MA: Poverty Action Lab, 2015)。

16. "在 1995 年到 2005 年之间，赤贫状态的儿童比例……上升"：参见 Greenstein, *Welfare Reform and the Safety Net*, 3。

17. 倾向于不认可福利补助会导致大范围的过度依赖：参见 Mary Corcoran, Greg J. Duncan, Gerald Gurin, and Patricia Gurin, "Myth and Reality: The Causes and Persistence of Poverty", *Journal of Policy Analysis and Management* 4 (4) (Summer 1985), 516–536。

18. 选用了不同的分析方法：参见 Mary Jo Bane and David T. Ellwood, "Slipping Into and Out of Poverty: The Dynamics of Spells", *National Bureau of Economic Research Working Paper* 1199 (September 1983)。

19. 为了领取 TANF 而找的工作大多薪水很低：参见 Fredrik Andersson, Julia Lane, and Erika McEntarfer, *Successful Transitions out of Low-Wage Work for Temporary Assistance for Needy Families (TANF) Recipients: The Role of Employers, Coworkers, and Location* (Washington, DC: U.S. Department of Health and Human Services, 2004)。亦见 Greg Kaufmann, "This Week in Poverty: Revealing the Real TANF", *The Nation* (February 8, 2013), 以及 Alana Semuels, "The Near Impossibility of Moving Up after Welfare", *The Atlantic* (July 11, 2016)。

20. "确保开端计划"：参见 Neal Halfon, "Poverty, Complexity, and a New Way Forward", *Academic Pediatrics* 16 (3S) (April 2016), S16–

S18。

21. 英国不计入政府福利项目和税收的儿童贫困率：参见 Janet C. Gornick and Emily Nell, "Children, Poverty, and Public Policy", *Luxembourg Income Study Working Papers* 701 (December 2017)。

22. "无论他们自诩对儿童有怎样的承诺"：参见 Halfon, "Poverty, Complexity", x。

23. 要求父母保证孩子能够满足一定的受教育和医疗标准：参见 Melisa Handl and Susan Spronk, "With Strings Attached", *Jacobin* (November 24, 2015)。

24. 十种不同的做法，包括不同额度的现金补助：参见 Irwin Garfinkel, David Harris, Jane Waldfogel, and Christopher Wimer, *Doing More for Our Children: Modeling a Universal Child Allowance or More Generous Child Tax Credit* (New York: Century Foundation and Bernard L. Schwartz Rediscovering Government Initiative, 2016)。

25. 假如美国每位 18 岁以下的儿童和青少年能够每年获得 2 500 美元的补助金：Ibid., 2。

26. 所有测试中，最为慷慨的假设是拨发 4 000 美元补助：Ibid., 12。        218

27. 一群在研究儿童贫困问题方面备受尊敬的经济学家：参见 H. Luke Shaefer, Sophie Collyer, Greg Duncan, Kathryn Edin, Irwin Garfinkel, David Harris, Timothy M. Smeeding, et al., "A Universal Child Allowance: A Plan to Reduce Poverty and Income Instability among Children in the United States", Ibid., 33。

28. 学者们提出拨发 3 000 美元一年：Ibid., 36。

29. 一套包括儿童现金补助在内的更新的方案：参见 Greg Duncan and Suzanne Le Menestrel, eds., *A Roadmap to Reducing Child Poverty* (Washington, DC: National Academies of Sciences, Engineering, and Medicine, 2019)。

**后记　对穷人有信心**

1. 参议员迈克尔·本内特和谢罗德·布朗在 2017 年提出的法案：参见 Dylan Matthews, "Senate Democrats Have a Plan That Could Cut Child Poverty Nearly in Half", *Vox* (October 26, 2017)。

2. 森认为"贫穷即不自由"：参见 Alicja Gescinska, "Poverty Is Unfreedom", *Brussels Times,* November 27, 2016。

看不见的孩子

# 索　引

索引页码为原书页码，即本书页边码；
页码后标 f 表示该条目出现在图表中，标 n 表示出现在注释中。

看不见的孩子

看不见的孩子

看不见的孩子

看不见的孩子

看不见的孩子

看不见的孩子

看不见的孩子

看不见的孩子

看不见的孩子

看不见的孩子

看不见的孩子

看不见的孩子

看不见的孩子

文景

社 科 新 知　文 艺 新 潮

Horizon

## 看不见的孩子：美国儿童贫困的代价

［美］杰夫·马德里克　著

汪　洋　周长天　译

出 品 人：姚映然
策划编辑：周灵逸
责任编辑：周灵逸
营销编辑：雷静宜　赵　政
装帧设计：陈威伸
美术编辑：施雅文

出　　品：北京世纪文景文化传播有限责任公司
　　　　　（北京朝阳区东土城路8号林达大厦A座4A　100013）
出版发行：上海人民出版社
印　　刷：山东临沂新华印刷物流集团有限责任公司
制　　版：南京展望文化发展有限公司

开　本：890mm×1240mm　1/32
印　张：8.75　　　字　数：166,000　　　插　页：3
2022年1月第1版　　2022年1月第1次印刷
定　价：56.00元
ISBN：978-7-208-17304-0 / C·637

图书在版编目（CIP）数据
　　看不见的孩子：美国儿童贫困的代价 /（美）杰夫
·马德里克（Jeff Madrick）著；汪洋，周长天译. —
上海：上海人民出版社，2021
　　书名原文：Invisible Americans: The Tragic Cost
of Child Poverty
　　ISBN 978-7-208-17304-0
　　Ⅰ. ①看… Ⅱ. ①杰… ②汪… ③周… Ⅲ. ①贫困问
题—研究—美国 Ⅳ. ①F171.247
　　中国版本图书馆CIP数据核字（2021）第183990号

本书如有印装错误，请致电本社更换　010-52187586